AF451743

ORDONNANCES

DE LOUIS XIV.

ROY DE FRANCE ET DE NAVARRE,

Sur le fait des Gabelles & des Aydes.

Données à S. Germain en Laye aux mois de May & Iuin 1680.

Regiſtrées en la Cour des Aydes les 11. May & 21. Juin 1680.

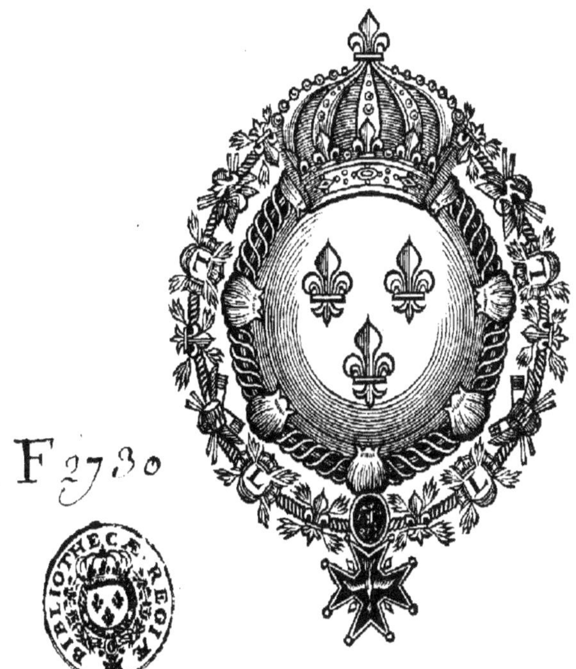

A PARIS,

De l'Imprimerie de Fʀᴀɴçᴏɪs Mᴜɢᴜᴇᴛ, Imprimeur ordinaire
du Roy, ruë de la Harpe.

MDCLXXX.

Avec Privilege de ſa Majeſté.

ORDONNANCE
DE LOUIS XIV.

Sur le fait des Gabelles.

OUIS par la grace de Dieu Roy de France & de Navarre: A tous presens & à venir , SALUT. Entre les soins qui Nous ont occupé depuis que nous avons pris en main la conduite & gou-vernement de nos Affaires, celuy de la conduite , regie & administration de nos Finances , Nous a paru meriter une application d'autant plus grande , qu'elle regarde également le soulagement de nos Peuples, la gloire & les avantages de nostre Estat ; Et quoy que par le bon ordre que nous y avons apporté nous ayons veu avec une tres - grande satisfaction que nos Finances ont fourny abondamment à toutes les dépenses que nous avons esté obligez de faire pour soûtenir la grande & glorieuse Guerre que nous venons de finir par une Paix encore plus glo-rieuse , & également advantageuse à nos Peuples ; Nous n'avons pas laissé de remarquer la confusion qui se trouve entre tous les Edits , Declarations ,

Arrefts d'enregiftrement, Reglemens de nos Cours
& Arrefts de noftre Confeil fur le fujet de l'eftablif-
fement, levée, & perception des droits de nos Fermes, & la multiplicité des droits qui les compofent,
ce qui remet prefque toûjours nos Peuples, par la
difficulté de fçavoir la diverfité de tous ces noms differens, & l'effet qu'ils doivent produire, à la difcre-
tion des Commis & Employez à la levée de nos droits
& pour les differentes difpofitions ou explications
defdits Edits, Declarations, Reglemens, & Arrefts,
dans une Jurifprudence incertaine qui leur caufe en
toutes occafions des frais immenfes, & les laiffe toûjours dans le doute, ou de pouvoir obtenir, ou d'avoir
obtenu la Juftice que nous voulons leur eftre ren-
duë; C'eft ce qui nous a porté à faire recueillir tous
les Edits, Declarations, Arrefts d'enregiftrement,
Reglemens, Baux, Arrefts de noftre Confeil qui ont
efté expediez fur le fujet des droits de nos Fermes
depuis qu'ils font eftablis; & apres les avoir fait exa-
miner en noftre Confeil Royal des Finances, & com-
muniquer aux principaux & plus experimentez Officiers de nos Cours des Aydes de Paris & Rouën, en
compofer un Corps d'Ordonnance pour reduire tous
les droits en un feul, & eftablir une Jurifprudence certaine, qui produira également l'advantage & le fou-
lagement de nos peuples, qui eft toûjours la fin prin-
cipale que Nous nous propofons de noftre applica-
tion; A ces causes, de l'avis de noftre Confeil & de
noftre certaine fcience, pleine puiffance & authorité
Royale, Nous avons dit, declaré & ordonné; Difons,
declarons & ordonnons, & nous plaift, ce qui enfuit.

TITRE

TITRE PREMIER

DE L'ACHAPT DU SEL
SUR LES MARAIS
pour le fourniſſement des Greniers.

ARTICLE PREMIER.

LEs Proprietaires des Marais ſalans ſeront tenus de les entretenir & ſauner ſuffiſamment,
en ſorte que l'Adjudicataire de noſtre Ferme des Gabelles y puiſſe prendre par chacun an au prix cou-
rant par preference à tous autres, juſqu'à la quantité de quinze mil muids de ſel meſure de Paris, du
plus pur, du plus ſec, & mieux grené.

II.

Voulons que l'Adjudicataire faſſe l'achapt du
ſel dans les Marais ſalans de Broüage, Iſles adjacentes, & Comté Nantois ; Luy défendons d'en
faire venir des païs Etrangers, ſous quelque pretexte que ce ſoit, ſinon en vertu de noſtre permiſſion par écrit, qui luy ſera donnée en cas de
diſette.

TITRE DEUXIE'ME.

Du chargement & du transport du Sel dans les depofts aux emboucheures des Rivieres.

ARTICLE PREMIER.

LE Sel fera porté du Marais en des barques bord à bord des vaiffeaux où il fera mefuré par l'un des Mefureurs Jurez au boiffeau de Broüage, & receu par le Maiftre du Navire qui s'en chargera par écrit.

II.

Permettons aux Mefureurs Jurez de prendre un fol pour muid de fel, à quoy nous avons reglé leurs droits ; leur défendons de recevoir ny exiger davantage, à peine de concuffion.

III.

L'Adjudicataire tiendra des Magazins qui ferviront de dépofts dans les principaux lieux des emboucheures des Rivieres de Loyre, Orne, Seine & Somme, dans lefquels le fel fera déchargé; Sçavoir, pour la Riviere de Loyre à Nantes ; Pour celle d'Orne à Caën ; Pour la Seine au Havre, Honfleur & Rouën ; Et pour la Somme à faint Vallery, & à Amiens.

IV.

Pourra neanmoins l'Adjudicataire faire décharger le fel de bord à bord fans le dépofer dans les Magazins.

TITRE TROISIE'ME.

Des Mesurages & Contremesurages.

ARTICLE PREMIER.

LE Sel qui sera déchargé de bord à bord ou dans les depofts, sera mesuré en presence des Officiers établis à cet effet, qui en expediront leurs Rescriptions, Brevets ou Lettres aux Voituriers qui seront tenus de les representer aux Officiers des Contremesurages, ou lors que le sel ne passe point aux lieux où les Contremesurages sont établis, aux Officiers des Greniers à Sel.

I I.

Pareilles Rescriptions, Brevets ou Lettres seront expediées aux Voituriers par les Officiers des Contremesurages au bas de copie de celles qui auront esté délivrées aux depofts, pour eftre representées aux Officiers des Greniers à sel.

I I I.

Les Rescriptions contiendront la quantité du sel dont les Voituriers seront chargez, & seront signées au moins de deux Officiers & du Commis.

I V.

Seront tenus les Officiers tant des Mesurages que des Contremesurages d'y proceder incessamment en presence du Commis, sans que les Officiers puissent s'abfenter, ny se dispenser d'y vaquer en personne, sinon en cas de maladie, ou de legitime

empefchement, à peine de cinq cent livres d'amende pour la premiere fois, & d'interdiction de leurs
Charges pour la feconde.

V.

Les Mefurages & Contremefurages du fel dans
les Depofts & Greniers feront faits au minot avec
une tremuye ; & fera le minot étalonné fur les matrices depofées au Greffe de l'Hoftel de noftre bonne Ville de Paris , en prefence d'un Confeiller de
noftre Cour des Aydes de Paris qui fera commis , &
d'un Subftitut de noftre Procureur general.

V I.

Voulons que les mefures qui fervent aux Mefurages & Contremefurages demeurent dans les
Depofts fous les clefs des Officiers & Commis de
l'Adjudicataire.

V I I.

Voulons auffi que les mefures pour la reception,
& délivrance du fel demeurent dans le Grenier, fous
les clefs des Grenetiers, Controlleurs & Commis.

V I I I.

Ne feront prefentez au Mefurage & Contreme-
furage que trois bateaux à la fois ; & aprés le mefurage fait, feront tenus les Vo ituriers faire couvrir
le fel , & mettre leurs bateaux hors le mefurage ,
pour aprés en prefenter trois autres , & eftre me-
furez comme deffus, le tout à peine de cinq cent
livres d'amende contre les Voituriers.

I X.

Le compte du fel dans les Mefurages & Contremefurages

meſurages ſera fait par minot depuis le premier juſques & compris le douziéme ſeulement, ſans paſſer
ce nombre, en ſorte qu'aprés le douziéme minot le
compte ſoit toûjours recommencé depuis un autre
premier minot juſqu'à un autre douziéme, & ainſi
ſucceſſivement à peine de cent cinquante livres d'a-
mende contre les Meſureurs.

X.

A chaque compte de douze, ſera délivré au Voi-
turier un billet ou marque contenant pareille quantité, & tous les billets de chacun compte ſeront à
la fin par luy rendus aux Officiers, pour luy eſtre
par eux délivré une reſcription du total.

TITRE QUATRIE'ME.

*De la voiture, deſcente & emplacement du Sel dans les
Greniers.*

ARTICLE PREMIER.

SEront tenus les Voituriers montans & deſcen-
dans les Rivieres, de laiſſer paſſer par preference, ceux qui ſont chargez pour l'adjudicataire;
Enjoignons aux Maiſtres des Ponts, & generalement à toutes perſonnes de leur ouvrir & fermer à
la premiere requiſition toutes écluſes, ports & por-
tereaux, à peine contre les refuſans de demeurer
reſponſables du retardement, & de tous dépens,
dommages & intereſts.

C

I I.

Défendons aux Voituriers de décharger le Sel des bateaux en des alleges, sinon en cas de necessité, lorsque les eaux sont trop basses, ou que les bateaux sont en danger, en presence d'un Officier du plus prochain Grenier à Sel qui en fera son procés verbal, le Commis present ou deuëment appellé, à peine de confiscation des alleges, chevaux & équipages, & de trois cent livres d'amende.

I I I.

Seront aussi tenus en cas de naufrage d'en faire declaration incessamment, pardevant les Officiers du plus prochain Grenier à Sel, le Commis present, à peine d'en répondre en leur nom.

I V.

Le Sel arrivé au lieu de sa destination, sera incontinent délivré aux Officiers & Commis du Grenier, par les Commis aux descentes, mesuré & emplacé dans le Grenier, & seront tenus les Officiers d'en délivrer leurs procés verbaux & Certificats, tant aux Commis aux descentes qu'aux Voituriers; le tout sans pouvoir rien exiger ny recevoir que les droits & gages que nous leur avons attribué, sous pretexte de gratification, dépense ou autrement, à peine de concussion.

V.

Ne sera mis Sel sur autre Sel qui ait reposé au Grenier trois mois, mais seront faites des masses separées, & sera tenu regittre dans lequel seront marquez les jours que les descentes auront esté faites, & que les maſſes auront eſté entamées.

V I.

Nos Greniers & Dépoſts feront à rets de chauſſée de la ruë, ou deux pieds plus bas pour le plus.

V I I.

Ils feront fournis à la diligence & aux frais de l'Adjudicataire, en forte qu'il y ait toûjours du fel pour trois années.

V I I I.

Ne fera vendu ny diſtribué aucun fel qu'il n'ait eſté deux ans dans le Grenier ou dans les Dépoſts pour le moins, à peine d'interdiction contre les Officiers de nos Greniers pendant fix mois pour la premiere fois; & en cas de recidive, d'eſtre declarez incapables d'exercer aucun Office.

I X.

Défendons neanmoins à nos Officiers de differer la defcente, mefurage, emplacement & vente du Sel, fous pretexte que le Sel où les Greniers ne font de la qualité requife, à peine de répondre des dommages & interefts, tant de l'Adjudicataire que des Voituriers, fauf à eux d'en dreſſer leurs procés verbaux, & de les envoyer au Controlleur General de nos Finances, pour y eſtre pourvû.

X.

En cas de refus, abfence, maladie ou autre empêchement de nos Officiers en exercice, il y fera procedé aprés une fommation qui leur fera faite par ceux qui feront hors d'exercice, finon par les Officiers de nos Elections, aufquels à cet effet feront remifes les clefs de nos Greniers, autrement leur permettons de faire lever les ſerrures en preſence des Commis, dont ils dreſſeront leur procés verbal, & les Grenetiers & Controlleurs en exercice demeureront reſponſables de la quantité du Sel y contenuë ſur la ſimple ſignification qui leur en ſera faite, & ſans qu'il ſoit beſoin de faire contre eux aucune autre procedure.

X I.

Nos Greniers ſeront fermez à trois clefs differentes, l'une pour le Grenetier, l'autre pour le Controlleur, & la troiſiéme pour le Commis, qui demeureront reſponſables ſolidairement & par corps, de tout le Sel qui y ſera renfermé; & ſeront remiſes au au Greffe les clefs à la fin de chacune année par le Grenetier & le Controlleur ſortant d'exercice, pour eſtre délivrées à ceux qui y entreront.

TITRE CINQUIE'ME.

Des Greniers à Sel de vente volontaire, & du prix du Sel.

ARTICLE PREMIER.

LE Sel ſera vendu à nos Sujets des Paroiſſes du reſſort des Greniers à Sel cy-aprés nommez volontairement & non par impoſt, au prix qui ſera declaré; SÇAVOIR,

Dans la Generalité de Paris,

Mante, la Rocheguion, Poiſſy & Pontoiſe, à quarante livres le minot.

Paris

Paris, Brie-Comte-Robert,Lagny,Meaux,Senlis, Creil , Compiegne , Beauvais , Monfort, Dreux, Eſtampe , Melun , Montreau , Nemours , Sens , Joigny, Saint Florentin, Vezelay , Provins & No- gent, à quarante une livres le minot.

Et Tonnerre à quarante deux livres.

Dans la Generalité de Soiſſons.

Soiſſons,Chaſteauthierry, & Fere en Tartenois, à quarante livres le minot.

Clermont , Coucy , Creſpy, la Ferté- Milon, & Noyon , à quarante une livres.

Vailly & Cormicy, à quarante deux livres.

Dans la Generalité d'Amiens.

Amiens à trente huit livres le Minot.

Granvilliers , Aumalle , Mondidier & Roye, à quarante livres le minot.

Dans la Generalité de Chaalons.

Chaalons , Eſpernay, Sezanne, Troyes, & Arcis- ſur-Aube, à quarante une livres le minot.

Reims, Beaufort, Bar-ſur-Aube, Muſſy & Vil- lemort, à quarante-deux livres.

Dans la Generalité d'Orleans.

Blois, Chambre de mer, Romorantin ,Chiverny & Chartres, à quarante livres le minot.

Orleans , Chambre de Baugency , Vendoſme, Chaſteaudun, Chambres de Brou & de Bonneval, Yenville, Pitiviers, Sully, Boiſcommun, Montargis, Coſne & la Charité, à quarante une livres le minot.

Bonny, Gien, Saint Fargeau & Clamecy, à qua- rante deux livres le minot.

Dans la Generalité de Tours.

Tours, Neufvy, Langeais, Amboife, Chambre de Chaumont, Montrichard, Chambre de Bleré, Loches, Chambre de Bourgueil, Baugé, Beaufort, la Fleche, la Val, Malicorne, le Mans, Chambres de Balon, Sillé & Loüe, Chafteau-du-Loir, le Lude & Nogent-le-Rotrou, à quarante livres le minot.

Montoire, Mondoubleau, Chambre de faint Calais, la Ferté-Bernard, Chambre de Bouloire, Bonneftable, Montmirail & Regrat de conneré, à quarante une livres le minot.

Dans la Generalité de Bourges.

Selles, à quarante livres le minot.

Sancerre, Vierzon & Chambre de Villequier, à quarante une livres.

Bourges, Saint Amand, & D'un-le-Roy, à quarante deux livres le minot.

Dans la Generalité de Moulins.

Nevers, quarante une livres le minot.

Moulins, Luzy, Moulins en Gilbert, Chafteau-Chinon, S. Sauge, Dezize, S. Pierre-le-Mouftier, Sancoings, à quarante-deux livres le minot.

Dans la Generalité de Roüen.

Vernon, Andely, Louviers, Pont-de-Larche, Gournay, Gizors, Roüen, Chambre de la Boüille, Ponteau-de-Mer, Caudebec, Evreux & Neuf-Chaftel, à quarante livres le minot.

Dans la Generalité d'Alençon.

Argentan, Bellefme, Yexmes, Memers, Mortagne & Seez, trente-cinq livres le minot.

Verneüil , Chambres de Laigles , & Breſſolles, Lizieux, Chambre de Conches , & Bernay , à quarante livres le minot.

Dans la Generalité de Dijon.

Bar-ſur-Seine , Auxerre & Chambre de Seignelay , à trente livres le minot.

Authun , Chambre de Montcenis , Bourbon-Lancy , Chambre de Toulon , Paray , Chambres de Mercigny , & de Percy , Charolles, Mont-ſaint-Vincent, Semur en Brionnois, Chaalon, Chambres de Quoüns, & de Chagny , Baune , Seurre ou Belle-garde, S. Jean de l'Oſne , Auxonne, Chambre de Mirebeau, Noyers, Saux le Duc, Dijon, Nuits, Cha-ſtillon-ſur-Seine , Arc en Barois, Montbart, Semur en Auxois , Ernée-le-Duc , Chambre de Viteaux, Poüilly , Avallon & Saulieu, à trente cinq livres le minot.

TITRE SIXIÉME.

De la vente volontaire du Sel.

ARTICLE PREMIER.

LA vente & diſtribution du Sel ſera faite par minot au Grenier de noſtre bonne Ville de Paris , & dans les autres Greniers par minot, de-my minot, & quart de minot, par le Commis de l'Adjudicataire en preſence du Grenetier & Con-trolleur en exercice aux lieux, jours & heures qui

seront par eux reglez , & seront les masses entamées & vuidées selon l'ordre de leur descente, sans
qu'il soit permis d'en entamer une nouvelle, que
celle qui est commencée ne soit entierement con-
sommée.

I I.

Permettons à nos Sujets de s'associer jusqu'au
nombre de seize personnes pour le partage d'un
minot, du demy , ou du quart à proportion, & d'en
faire entr'eux sur le champ à la porte du Grenier
la repartition au poids , à la pinte ou en telle autre maniere qu'ils aviseront , le tout à l'exception
du Grenier à Sel de Paris.

I I I.

Seront tenus quatre Registres , l'un par le Grenetier, l'autre par le Controlleur , le troisiéme par
le Greffier , & le quatriéme par le Commis , qui
contiendront chacun la quantité du Sel qui aura
esté distribué à qui & à quel titre la distribution
aura esté faite, de quelle masse il aura esté tiré, le
temps & sous quel nom elle aura esté entamée, &
finie, & les quatre Registres seront arrestez, signez,
& paraphez par les Grenetier, Controlleur , Greffier & Commis chaque jour de vente sur le champ
dans le Grenier , & seront les Registres reliez &
collez, cottez de cottes numeraires en chacun feüil-
let , sans user de feüilles volantes, ou de papiers
cousus & attachez ensemble par tirets de parchemin ou autrement , le tout à peine de mil livres
d'amende , & d'estre procedé extraordinairement

tant

tant contre les Officiers que contre les Commis s'il y échet.

I V.

Enjoignons aux Officiers de fournir sans frais de quartier en quartier tant au Controlleur general des Gabelles en exercice, qu'à l'Adjudicataire des certificats signez d'eux & du Commis, de ce qui aura esté vendu de Sel en chacun quartier, & de ce qui en restera dans le Grenier, & ne seront payez les Officiers du second quartier de leurs gages jusques à ce qu'ils y ayent satisfait.

V.

Enjoignons aussi aux Controlleurs generaux des Gabelles chacun à la fin de l'année de son exercice, de mettre un estat certifié des ventes qui auront esté faites en chacun Grenier de la Ferme generale de nos Gabelles entre les mains du Controlleur general de nos Finances, qui leur en baillera sa certification, sans laquelle ils ne pourront estre payez du troisiéme quartier de leurs gages.

V I.

Sera tenu le Commis de l'Adjudicataire de délivrer sans frais aux particuliers & aux regratiers les feüilles, billets ou certificats contenant la quantité du Sel & le jour qu'ils l'auront levé, à peine de concussion.

V I I.

Seront tenus les Asseeurs & Collecteurs des Tailles des Paroisses situées dans nos Greniers de vente volontaire à peine de vingt-quatre livres d'amende , de délivrer au plus tard dans le mois de Février de chacune année au Commis de l'Adjudicataire une copie de leur rolle, au bas de laquelle ils mettront un Chapitre des exempts , pour estre fait par le Commis un Registre, appellé communément Registre sexté, contenant les noms , qualitez & emplois des habitans , les sommes ausquelles les contribuables sont imposez à la Taille, le nombre des personnes dont chacune famille est composée , & la quantité du Sel qu'ils auront levé en nos Greniers par chacune année ; & seront données les assignations à la requeste de l'Adjudicataire , pour estre procedé , contre ceux qui n'auront pris le sel necessaire à raison d'un minot pour quatorze personnes pour le pot & saliere seulement, par condamnation d'amende, restitution des droits de Gabelles & autres peines, s'il y échet.

TITRE SEPTIE'ME.

Des Greniers à sel d'impost & du prix du sel.

ARTICLE PREMIER.

L E Sel sera vendu à nos sujets des Paroisses du ressort des Greniers à Sel cy-aprés nommez par impost au prix qui sera declaré ; Sçavoir,

Dans la Generalité de Soissons.

Guise, Chambre de Vervin, & Aubenton, Marle, & Laon, à quarante-trois livres le minot.

Dans la Generalité d'Amiens.

Abbeville, S. Vallery, Seigneville, & Chambre de Ruë, à trente-neuf livres le minot..

Foreft-Mouftier, Mers ou Ault, Doulens, Corbie, Peronne, faint Quantin, à quarante une livres le minot.

Dans la Generalité de Chaalons.

Chafteau-Portien, faint Menehould, faint Dizier, Joinville, Vitry, Chaumont, Langres & Montfaugeon, à quarante trois livres le minot.

Dans la Generalité de Tours.

Angers, Candé, Ingrande, S. Florent, Saumur, Chafteau-Gontier, Pouancé & Chambre de Sablé, à trente-neuf livres le minot.

Chinon, Chambres de fainte Maure, & S. Remy, Craon, Ernée, Chambre de Laffay, Lagravelle, Laval & Mayenne, à quarante une livres.

Richelieu, Loudun, Chambres de Preüilly & la Haye, à quarante deux livres le minot.

Dans la Generalité de Bourges.

Buzançois & Iffoudun, à quarante-deux livres le minot.

Chambre de la Chaftre, à quarante-trois livres.

Dans la Generalité de Moulins.

Gannat, Montluçon & Chambre de Vichy, à quarante-trois livres le minot.

Dans la Generalité de Rouën.

Honnefleur, Harfleur, le Havre, Fefcamp, S. Valery en Caux, Dieppe, Eu & Trefport, à trente-huit livres le minot.

Dans la Generalité de Caën.

Caën & Bayeux, à trente-huit livres le minot.

Dans la Generalité d'Allençon.

Allençon, Chambre de Carouges, Fresnay & Falaize, à trente huit livres le minot.

I I.

Le sel de vente extraordinaire dans les Greniers d'impost, pour l'usage des Exempts, & pour les salaisons qui se font par les contribuables, sera vendu vingt sols moins par minot que le Sel d'impost.

TITRE HUITIE'ME.

De la distribution du Sel par Impost.

Article Premier.

LE Département de l'Impost du Sel sera fait tous les ans, dans les Greniers à Sel qui y sont sujets, en vertu de nos Commissions qui seront adressées aux Commissaires par nous départis dans les Generalitez, & aux Presidens, Grenetiers, Controlleurs, nos Advocats & Procureurs en chacun Grenier, pour en estre par eux la repartition faite au Bureau du Grenier à sel, en presence de l'Adjudicataire ou de son Commis, sur les Villes, Bourgs, & Paroisses qui y ressortissent ; & en cas que les advis soient differens, la voix du Commissaire par Nous départy prevaudra sur celles des Officiers du Grenier, qui pourront en son absence proceder à la

repartition

repartition le plus juftement & également que faire
fe pourra.

I I.

Les Mandemens contenant l'Impoft fur chaque
Paroiffe feront délivrez aux Commis de l'Adjudicataire, & par luy envoyez avant le premier jour de
Decembre, aux Maires & Efchevins des Villes &
aux Marguilliers de Paroiffes.

I I I.

Les Afféeurs & Collecteurs feront nommez par
les Habitans affemblez en la maniere accouftumée,
au fon de la cloche, iffuë de Meffe Paroiffiale ou de
Vefpres, dans le mois d'Octobre de chacune année;
fçavoir deux dans les Paroiffes où le principal de l'Impoft eft au deffous d'un muid de fel, quatre dans
celles qui font impofées à un muid de fel & au deffus, & fix dans celles qui portent deux muids de
fel & au deffus.

I V.

Seront faites & renouvellées de cinq ans en cinq
ans par les Habitans des Paroiffes affemblez au fon
de la cloche, iffuë de Meffe Paroiffiale ou de Vefpres,
deux Claffes ou Echelles, l'une des plus riches Habitans contribuables, & l'autre des mediocres, dont
fera mife une copie aux Greffes des Greniers à fel,
& feront les riches & les mediocres nommez Collecteurs à leur tour en nombre égal.

V.

Les Habitans feront tenus de faire mettre au
Greffe du Grenier à Sel de leur reffort, une expedi-

f

tion en bonne forme de la nomination avant le premier Novembre de chacune année, sinon le temps passé sans autre sommation ny diligence, les Collecteurs seront nommez d'Office par les Officiers du Grenier dans le nombre & dans l'ordre qui ont esté prescripts cy-dessus, & sera la nomination signifiée à la requeste du Commis à ceux qui auront esté nommez.

V I.

Ne seront nommez Asséeurs & Collecteurs de l'Impost ceux qui exercent des Offices de Judicature dans nos Justices ordinaires, les mineurs, les septuagenaires ; ceux qui font la Collecte des Tailles ; ceux qui l'ont faite tant du sel que de la Taille dans les trois années precedentes, les Maires & Eschevins & Syndics des Paroisses dans le temps de leur Mairie, Eschevinage, & Syndicat, les Regratiers ; ceux qui sont dans la premiere année de leur premier mariage ; & generalement ceux qui joüissent de l'exemption en vertu d'Edits registrez en nos Cours des Aydes.

V I I.

Défendons à nos Cours des Aydes de recevoir les appellations des nominations qui auront esté faites par les Habitans, ou d'Office ; sauf aux Particuliers à se pourvoir par opposition pardevant les premiers Juges, de la Sentence desquels l'appel sera receu & jugé sommairement, en sorte que les oppositions & les appellations soient terminées, & que d'autres Collecteurs bons & solvables soient nommez dans le dernier Decembre ; Aprés lequel temps , faisons défenses à nos Cours des Aydes , & aux Officiers de nos Greniers d'en prendre connoisfance , & seront tenus les Collecteurs nommez par les Habitans , ou d'Office de faire la charge.

VIII.

Nul ne pourra assister à la nomination des Collecteurs avec les Habitans , ny à l'assiette de l'impost avec les Collecteurs , excepté le Notaire ou Sergent qu'ils voudront choisir pour rediger par écrit l'Acte de nomination , ou le Rolle de l'Impost, sans que le Greffier du Grenier à Sel, ses Clercs & Commis y puissent vacquer directement ou indirectement.

IX.

Ne pourra l'Adjudicataire commettre aucune personne pour faire le Rolle de l'Impost.

X.

Défendons à tous Seigneurs , Gentilshommes, Juges , Officiers , & autres personnes de quelque qualité & condition qu'ils soient , d'intimider ou contraindre les Habitans & les Asséeurs , à peine d'estre privez de leurs Charges , Fiefs & droits de haute Justice , & autre punition exemplaire ; Leur faisons défenses sur pareilles peines , de faire faire les nominations & les Rolles en leurs Chasteaux & Maisons , ny d'en prendre la communication avant que l'acte de nomination ait esté remis au Greffe du Grenier , & que le Rolle ait esté signé & verifié.

XI.

Enjoignons aux Collecteurs d'inſerer aux Rolles qu'ils feront de l'Impoſt, le nombre, qualité & condition des perſonnes de chacune maiſon qui y eſt ſujette, & d'employer à la fin des Rolles les noms & ſurnoms des Eccleſiaſtiques, Nobles, & autres exempts, & le nombre des perſonnes dont leur famille eſt compoſée, deſquels Rolles, ils mettront deux copies ſignées, l'une au Greffe du Grenier pour y avoir recours, & l'autre entre les mains de l'Adjudicataire ou de ſes Commis.

XII.

Les Collecteurs feront un ſeul Rolle pour chacune année, eu égard au nombre des perſonnes dont chaque famille eſt compoſée, qui ſera verifié ſans frais par les Officiers des Greniers, en l'eſtat qu'il leur ſera preſenté, ſans qu'ils puiſſent en procedant à la verification, augmenter ny diminuer les cottes des Particuliers, ny ordonner qu'il ſoit refait, ſous quelque pretexte que ce ſoit, à peine de trois mille livres d'amende, & de tous dépens, dommages & inrereſts, ſauf neanmoins aux Officiers du Grenier de cottiſer d'Office ceux des contribuables qui ne feront point compris dans le Rolle, & aux Particuliers de ſe pourvoir en ſur-taux, ainſi qu'ils aviſeront bon eſtre.

XIII.

Pourra auſſi le Commis faire aſſigner ceux qui ſeront moins taxez pour eſtre condamnez de prendre du ſel par extraordinaire, ſelon l'eſtat de leur famille.

XIV.

XIV.

Aprés la verification du rôlle, les Collecteurs leveront le sel de l'Impost dans les premiers huit jours
du quartier de Janvier, & continuëront de le lever
dans les premiers huit jours de chacun quartier,
pour estre par eux dans la huitaine suivante le sel délivré aux contribuables, ce qu'ils seront tenus de ju-
stifier au Commis de l'Adjudicataire par la repre-
sentation qu'ils feront de leur rôlle, avant que le sel
du quartier suivant leur soit délivré.

X V.

Les Collecteurs feront tenus de porter entierement le sel dans leur Paroisse le mesme jour qu'il
sera par eux pris au Grenier, sans le laisser ou porter
dans les maisons particulieres du lieu où le Grenier
est ably.

XVI.

Les deniers provenans de l'Impost seront payez
par les Collecteurs entre les mains du Commis;
sçavoir moitié dans les six premieres Semaines, &
l'autre moitié à la fin de chacun quartier, sinon ils
y seront contraints solidairement par emprisonne-
ment de leurs personnes en vertu des contraintes du
Commis visées par l'un de nos Officiers du Grenier.

XVII.

Le Commis pourra, sur le refus des Officiers de
viser ses contraintes, les faire executer, aprés toutefois qu'il les en aura requis par écrit, & qu'il aura
mis au Greffe un double des contraintes signé
de luy.

XVIII.

Les Collecteurs retiendront sur le dernier payement de l'Impoſt deux deniers pour livre du prix
de chacun minot pour leur droit de Collecte, deux
ſols pour chaque licuë de diſtance des Paroiſſes au
Grenier, & cinq ſols pour minot pour le port &
diſtribution du Sel, & du tout ils en fourniront leurs
quittances au Commis, pour les rapporter ſur ſes
comptes.

XIX.

Le Sel d'Impoſt que les Collecteurs auront negli-
gé de lever en tout ou partie, ne leur ſera délivré ſix
Semaines aprés l'année expirée, & diminution leur
ſera faite ſeulement du prix du Marchand.

XX.

Les principaux habitans des Paroiſſes ſujettes à
l'Impoſt pourront eſtre contraints ſolidairement
par empriſonnement de leurs perſonnes au payement des deniers de l'Impoſt lorſque tous les Collecteurs de l'Impoſt d'une meſme année auront eſté
ſommairement diſcutez en leurs perſonnes & en
leurs biens.

XXI.

Declarons valable & ſuffiſante la diſcution des
Collecteurs en leurs perſonnes à l'égard de ceux qui
ont pû eſtre conſtituez priſonniers, lors qu'ils ont
eſté detenus au moins un mois durant dans les pri-
ſons ; & à l'égard des autres, lorſque perquiſition
aura eſté faite de leurs perſonnes, & que le procés verbal en eſt rapporté ; declarons auſſi celle des

biens valable & fuffifante, lors qu'en vertu du commandement fait à perfonne ou domicile, & fur le
refus de payer, leurs biens meubles eftans dans leur
maifon d'habitation, ont efté faifis & executez, &
dans la huitaine fuivante vendus en la maniere accoûtumée, fans qu'il foit befoin de faire aucune fommation aux Habitans d'indiquer les autres biens
& les perfonnes des Collecteurs.

XXII.

Les immeubles, droits actifs mobiliairs, & les
meubles eftans hors la maifon d'habitation des Collecteurs ne font fujets à difcution.

XXIII.

Au bas de la Requefte de l'Adjudicataire qui contiendra les fommes qui feront deuës par les Collecteurs, fur les pieces juftificatives de la difcution qui
y feront énoncées & attachées, & les Conclufions
du Subftitut de noftre Procureur General, fera ren-
duë la Sentence ou Ordonnance de folidité, par laquelle il fera dit que la difcution a efté bien &
duëment faite, & en confequence deux, quatre ou
fix pour le plus des Habitans de la premiere Claffe
ou échelle felon la force des Paroiffes qui feront
defignez par noms, furnoms, & qualitez, feront
condamnez comme deffus au payement des fommes
contenuës en la Requefte, fauf à eux de fe pourvoir
par rejet fur la Paroiffe.

XXIV.

Seront les Sentences de folidité renduës en la
Chambre du Confeil, & aux jours ordinaires, & fi-

gnées de trois Officiers, ſi tant il s'en trouve dans la Chambre, ſinon declarons les Sentences valables qui feront ſignées de celuy ou de ceux qui auront eſté preſens.

XXV.

Ne pourront ceux qui ſont dans leur année de Marguillier ou de Procureur de Fabrique, ou dans les trois années de leur collecte de l'Impoſt du Sel ou de la Taille, ou qui ont transferé leur domicile de la Paroiſſe encore que les debtes ſoient de leur temps, ny les femmes veuves eſtre compriſes dans les condamnations ſolidaires, mais pourront y eſtre compris ceux qui ſont nouvellement venus dans la Paroiſſe, pourveu qu'ils y ſoient impoſez, encore que les debets des Collecteurs ſoient pour des années, dans leſquelles ils n'eſtoient point encore habitans.

XXVI.

La ſolidité ne pourra eſtre que pour une année ; Défendons d'accumuler dans une meſme condamnation contre les meſmes perſonnes les debets des Collecteurs de pluſieurs années, à peine de nullité.

XXVII.

Déclarons nuls les Exploits de commandement & d'execution qui feront faits ſur les particuliers condamnez ſolidairement, ſi la Requeſte & la Sentence de ſolidité ne ſont tranſcrites dans la copie des Exploits qui leur eſt laiſſée, ſans que pour la validité de leur empriſonnement il ſoit encore beſoin de laiſſer copie des mêmes Requeſte & Ordonnance au Greffe de la Geolle.

XXVIII.

XXVIII.

Défendons à tous Juges, méme à nos Cours des Aydes, de donner des furfeances ou défences d'exe- cuter les Sentences de folidité, & fi aucunes eftoient obtenuës, nous les avons dés à prefent declarées nulles; Voulons que fans y avoir égard & fans qu'il foit befoin d'en demander main levée, les Senten- ces foient executées en vertu des prefentes, nonob- ftant tous Jugemens & Arrefts contraires, que les Procureurs qui auront figné les Requeftes, ou qui auront fait demande en l'Audience ou autrement, les Sergens ou Huifliers qui en auront fait les figni- fications, & que les Greffiers qui les auront déli- vrées foient condamnez folidairement en leurs pro- pres & privez noms, de payer les fommes pour lef- quelles les Sentences de folidité auront efté ren- duës.　　　　XXIX.

Défendons aufli fous pareilles peines aux Officiers des Greniers, & à tous autres Juges en quelque ma- niere & pour quelque occafion que ce foit, d'élar- gir les Collecteurs & les principaux habitans des Paroifles, qui auront efté emprifonnez pour le paye- ment de l'Impoft, méme fous pretexte de la reve- rence des quatre bonnes Fêtes de l'année ou autres réjoüiffances publiques, qu'en payant au moins la moitié des fommes pour lefquelles ils feront dete- nus.

XXX.

Voulons que l'appel des Sentences de folidité foit jugé fur le champ à l'Audience, ou qu'il en foit déliberé fur le Regiftre pour eftre jugé au plus tard dans les trois jours, & fans épices.

XXXI.

Le Sergent qui aura fait plufieurs Exploits de Commandement à une méme perfonne, en un méme jour, pour differentes années & quartiers, ne fera payé que pour un feul Exploit, & s'il a fait plufieurs faifies & executions aufli fur une méme perfonne & en un méme jour, il ne fera payé pareillement que pour une feule.

XXXII.

Ne pourra le fel d'Impoft eftre employé qu'à l'ufage du pot & de la faliere feulement; Défendons de l'employer en groffes falaifons, à peine de trois cent livres d'amende, reftitution des droits de Gabelles & confifcation des chairs falées ; pourront neanmoins ceux dont les familles ne font compofées d'un nombre de perfonnes fuffifant pour la confommation du Sel auquel ils font impofez, fe pourvoir pardevant les Officiers du Grenier pour avoir permiffion d'employer le fel qui leur reftera en groffes falaifons, lefquelles permiffions feront accordées en connoiffance de caufe avec le Commis de l'Adjudicataire, & par luy regiftrées & paraphées, le tout fans frais à peine de concuffion.

XXXIII.

Enjoignons aux Ecclefiaftiques, Nobles & autres privilegiez, de prendre dans les trois premiers quartiers de chacune année dans le Grenier de leur demeure le fel dont ils ont befoin pour leur provifion,

uſage , & ſalaiſons , ſinon & à faute d'en prendre ,
Voulons qu'ils ſoient aſſignez pardevant les Officiers de nos Greniers en reſtitution de droits de Gabelle & condamnez de les payer ſur le pied de quatorze perſonnes pour chacun minot pour le pot & la
ſaliere ſeulement , & en cent cinquante livres d'a-
mende ; & à l'égard des groſſes ſalaiſons, leur défendons d'uſer d'autre ſel que de celuy du Grenier, &
en cas de contravention voulons qu'il ſoit procedé
extraordinairement contr'eux, & qu'ils ſoient condamnez en trois cent livres d'amende , & plus
grande peine s'il y échet.

XXXIV.

Les habitans des pays redimez qui feront valoir
des fermes, domaines & métairies , dans l'étenduë
des Paroiſſes ſujettes à l'Impoſt , ſeront taxez ſelon
le nombre des perſonnes dont leurs familles ſont
compoſées tant au lieu de leur domicile qu'en celuy
de leur exploitation ; mais ceux qui demeurent en
pays de Gabelle , faiſant valoir des fermes en une
autre Paroiſſe que celle de leur demeure , y ſeront
impoſez ſeulement à proportion du nombre des
perſonnes qui demeureront ſur les lieux pour leur
exploitation.

XXXV.

Nos Cours des Aydes , & Officiers de nos Greniers n'auront aucun égard aux baux à chétel , s'ils
n'ont eſté paſſez pardevant Notaires , publiez au
Prône de la Paroiſſe du Chételier , enregiſtrez au
Greffe du Grenier à Sel de ſa demeure, & que co-

pie ait esté baillée au Commis, tant des Baux que des Actes de publication & enregistrement, auquel cas l'Adjudicataire ny ses Commis ne pourront se pourvoir que sur la moitié du croist.

TITRE NEUVIE'ME.

De la revente du Sel à petites mesures.

ARTICLE PREMIER.

LA revente du Sel à petites mesures sera faite par les personnes que l'Adjudicataire pourra preposer de l'un & de l'autre sexe, dont il demeurera responsable civilement, dans les lieux & en tel nombre qu'il jugera à propos, pour le prix reglé par les Officiers des Greniers.

II.

Les petites mesures en nostre bonne Ville de Paris sont, le boisseau, le demy boisseau, quart de boisseau, demy quart de boisseau, litron, demy litron, quart de litron, demy quart de litron, & mesurette, lesquelles mesures seront estalonnées par les Controlleurs Gardes, sur les matrices de fonte déposées au Greffe de l'Hostel de nostre bonne Ville de Paris : & dans nos autres Greniers, les petites mesures sont, le litron, demy litron & celles qui sont au dessous, qui seront pareillement estalonnées par les Officiers de chacun Grenier sur les modeles qui y seront gardez.

III.

I I I.

Le Tarif contenant le prix de chaque mesure sera
affiché aux places publiques des Villes & Bourgs où
les Greniers à sel sont établis, à la diligence de nostre
Procureur en chacun Grenier ; & les Regratiers &
Revendeurs de sel à petites mesures, seront tenus de
mettre pareilles affiches aux places particulieres où
ils sont leur debit.

I V.

Seront les Commissions des Regratiers enregi-
strées au Greffe, & le serment par eux presté une fois
seulement pour tout le temps de leur exercice entre
les mains des Officiers de nos Greniers, de bien &
fidelement exercer leurs Commissions, sans autres
frais que de trois livres, à quoy nous avons reglé leurs
vacations, tant pour l'enregistrement que pour la
prestation de serment.

V.

Défendons à nos Sujets qui n'auront point de
Commission, ou qui ne l'auront point fait enregistrer, ny presté le serment comme dessus, de s'im-
miscer en la revente du sel, à peine d'estre punis comme Faux-Sauniers.

V I.

Défendons aux Regratiers de se servir d'autres
mesures que de celles portées és deux & troisiéme
Articles du present titre, & de prendre du sel ailleurs
qu'aux Greniers de leur demeure, à peine de cent livres d'amende pour la premiere fois, & en cas de recidive, d'estre punis comme faux-Sauniers.

VII.

Leur défendons auffi d'alterer les mefures en quelque maniere que ce foit, de vendre à plus haut prix que celuy qui eft reglé , & de méler aucun Sel de falpeftre ou de verrerie , ou autres corps étrangers , parmy le Sel qu'ils debiteront, le tout à peine de cinq années de Galeres contre les hommes , du foüet & baniffement de cinq ans contre les femmes.

VIII.

Leur défendons pareillement de faire aucun trafic de marchandifes de falines, tant en gros qu'en détail , à peine de confifcation des marchandifes , & de trois cent livres d'amende.

IX.

Leur enjoignons de tenir bon & fidelle regiftre, qui fera paraphé par le Commis de l'Adjudicataire, tant du Sel qu'ils leveront en nos Greniers , que des reventes qu'ils en feront, & d'en mettre un double figné d'eux à la fin de chacun quartier, au Greffe du Grenier de leur demeure.

X.

Seront les maifons & boutiques des Regratiers vifitées par les Officiers du Grenier , au moins une fois par chacun mois, dont ils drefferont leur procés verbal , fur lequel il fera procedé à la diligence du Commis, contre ceux qui feront trouvez en faute.

XI.

Enjoignons aux Communautez , Convents , Colleges, Hofpitaux, perfonnes Ecclefiaftiques, Gentilshommes, Bourgeois des Villes & Bourgs , Hofteliers,

Cabaretiers, Patiſſiers, Boulangers , & generalement ceux qui conſomment par chacun an en leurs
maiſons plus grande quantité de Sel , que celle du
boiſſeau & du litron, de ſe pourvoir en nos Greniers,
leur défendons d'en prendre chez les Regratiers, à
peine de trois cent livres d'amende.

TITRE DIXIE'ME.

Du droit de Quart-Boüillon des Salines de Normandie.

ARTICLE PREMIER.

LE droit de Quart-Boüillon, qui eſt le quatriéme du prix du ſel blanc fabriqué dans les ſalines de Marée, Vains, Genets , le Val ſaint Paer,
Sceaux, Courtils, & Huynes , ſituées en l'Election
d'Avranches; Bricqueville-Crecences, en l'Election
de Couſtances ; Leſſay , S. Germain ſur E' , &
Montmartin en celle de Carentan ; Port-Bail, Gouay,
Carteret, Rideauville ſaint Vaaſt, & Quineville en
celle de Valognes ; Iſigny & Neüilly en celle de
Bayeux ; & és Marais de S. Arnoul , S. Pierre , &
S. Thomas de Toucques & de Trouville en l'Election de Pont-Leveſque de noſtre Province de
Normandie, ſera levé ſans reduction avec le pari-
ſis , douze & ſix deniers à noſtre profit par l'Adjudicataire de nos Gabelles.

II.

Seront les ſalines & lieux où ſe fabrique le ſel

visitez & exercez par les Commis de l'Adjudicataire , qui feront mention sur leurs Registres
portatifs du nombre des plombs que le Saunier a
employé, des jours qu'il a travaillé, de la quantité du sel qu'il a fabriqué, & du prix qu'il l'a vendu
par chacun jour.

I I I.

Les Registres seront arrestez par le Commis, le
Samedy de chacune semaine , ou s'il est Feste, le
jour précedent, & des differens prix que le Sel aura esté vendu par chacun jour sera fait le prix commun, sur le pied duquel & sur les Extraits des Registres qui seront délivrez sans frais à chacun Saunier, nos droits seront payez.

I V.

Declarons sujet aux mesmes droits le Sel qui est
revendu par les Regratiers dans les Elections où
ils ont cours; & seront aussi les droits payez sur les
exercices des Commis.

TITRE ONZIE'ME.

Des Déchets.

ARTICLE PREMIER.

LE Déchet ordinaire sera reglé entre l'Adjudicataire & les Voituriers tant par eau que
par terre, selon la distance des Greniers où le Sel
est conduit; & seront tenus les Voituriers de payer
mesme

mefme par emprifonnement de leur perfonne le
Déchet extraordinaire en argent, fur le pied que le
Sel fe vend au Grenier de fa deftination.

II.

Les Navires, Bateaux, Chevaux, Charrettes, demeureront affectez par preference au payement des
Déchets extraordinaires, encore que les Voituriers
n'en foient point Proprietaires, ou qu'ils foient re-
clamez par ceux qui les ont vendus.

III.

Nous avons reglé les Déchets ordinaires pour
nos Greneriers & Controlleurs & les Commis de
l'Adjudicataire à deux minots pour muid; Voulons
qu'ils foient folidairement contraints au payement
du Déchet extraordinaire en argent, fur le pied
que le Sel fe vend au Grenier de leur exercice, &
que les Offices de Grenetier & Controlleurs y
foient affectez par preference.

IV.

Ne feront receus les faits de cas fortuits que les
Officiers, Commis ou Voituriers voudroient pro-
pofer pour leur décharge, s'ils ne font juftifiez par
les procés verbaux & informations faites par nos
Juges des lieux, dans le temps que les accidens
font furvenus, le Commis prefent ou deuëment
appellé.

V.

Voulons que les demandes en Déchets extraordinaires contre les Voituriers foient jugées par les
Officiers de nos Greniers à Sel fur le champ à l'Au-

dience , ou fur un Veu de pieces fans épices , &
feront les Sentences de condamnation executées
nonobftant l'appel & Arrefts de défenfes & furfeances que nous avons levées en vertu des prefentes.

V I.

Nos Cours des Aydes connoiftront en premiere
Inftance des Déchets extraordinaires pretendus
contre les Officiers & Commis que nous voulons
eftre jugez fommairement à l'Audience , & fi la
caufe ne peut eftre jugée fur le champ , les pieces
feront laiffées fur le Bureau fans Inventaire de pro-
duction , écritures ny memoires , pour y eftre de-
liberé & le jugement prononcé au premier jour à
l'Audience fans épices ny vacations.

V I I.

Seront les deux Articles precedens executez
quand les pourfuites feront faites à fin civile feulement ; & en cas de malverfation , fera procedé extraordinairement contre les Officiers , Commis &
Voituriers , & leur procés fait & parfait comme
à des faux-Sauniers.

TITRE DOUZIE'ME.

Des Peages & autres droits pretendus sur le Sel.

ARTICLE PREMIER.

DEfendons de lever aucun Peage, Eftrelage ou autre droit en effence fur le fel, fauf aux Proprietaires à s'en faire payer en argent, fuivant le Reglement de noftre Confeil.

II.

Le Peage qui fe leve fur chacun muid de fel étant dans les bateaux fera acquitté fur le pied de ce qui eft contenu dans les refcriptions.

III.

Celuy qui fera levé fur chacun bateau fera pris fur le bateau maire feulement, & non fur les alleges, tirots & fouftirots.

IV.

Declarons bateau maire dans les grandes Rivieres celuy qui eft chargé aux emboucheures & mentioné aux brevets & refcriptions des Officiers qui y font établis ; & dans les moindres Rivieres qui ne pourront porter les bateaux chargez aux emboucheures, declarons bateau-maire celuy qui eft à la tefte de l'Equippe ou navées, encore qu'il y ait plufieurs traits, en forte que tous les bateaux dans lefquels aura efté versé le fel du bateau-maire chargé à l'emboucheure, ne foient reputez qu'un feul & mefme bateau.

TITRE TREIZIE'ME.

Des Corps & Communautez, & personnes privilegiées dans les pays de Gabelle.

ARTICLE PREMIER.

LEs Estats du franc-sallé, du Sel de gratifica-tion, & d'aumône arrestez en nostre Conseil seront executez, en sorte neanmoins qu'il ne soit dé-livré qu'un seul droit à ceux qui y sont employez plusieurs fois sous differens titres.

II.

Le Sel des Privilegiez sera payé sur le pied du prix du Marchand, fixé par minot pour les Secre-taires de Nous, Maison & Couronne de France, les Officiers de nostre grande & petite Chancellerie, & les Payeurs & Controlleurs des Rentes de l'Hô-tel de nostre bonne Ville de Paris, à cinquante sols; pour les Officiers de l'un & l'autre Chastelet, ceux de l'Artillerie, le Chapitre de Nostre-Dame, l'Hostel-Dieu, les Incurables, l'Hôpital General, les Mesureurs & Porteurs du Grenier à Sel de Paris, & les Minimes de Vincennes, quatre-livres dix sols; pour les autres Monasteres, Communautez & Hôpitaux qui joüissent du mesme droit dans le ressort du Grenier de Paris, les Capitaine & Lieu-tenant de Vincennes & les Officiers de la Prevosté de l'Hostel, à sept livres; & pour les Prevost des

Marchands

Marchands & Eſchevins, noſtre Procureur, Greffier, Receveur, Controlleur & Quarteniers de l'Hoſtel de noſtre bonne Ville de Paris, Controlleurs Generaux des Gabelles & Huiſſiers de noſtre Conſeil, à dix livres; le tout pour la quantité contenuë aux états que Nous en avons fait, & ferons expedier en noſtre Conſeil.

I I I.

Les Sergens des Gabelles créez en l'année 1581. auront dans les Greniers de leur reſidence un demy minot de Sel gratuitement, à quoy nous avons reduit le minot qu'ils avoient accouſtumé d'y prendre, en payant dix livres pour le prix du Marchand.

I V.

Les Veuves des Officiers veterans, & de ceux qui ſont decedez revêtus des Offices auſquels le privilege du Sel eſt attribué, continuëront d'en joüir pleinement pendant qu'elles feront veuves, & qu'il n'y aura point un autre Titulaire joüiſſant du même droit; Voulons qu'elles en ſoient décheuës pour le tout par leurs ſecondes nopces, & pour moitié par la joüiſſance d'un autre Titulaire, ce qui aura lieu pour l'advenir ſeulement en ce qui concerne la reduction à la moitié.

V.

Défendons à nos Officiers & autres Privilegiez de vendre, échanger ou donner leur Sel de privilege en tout ou partie, encore que ce fuſt l'excedent de leur juſte proviſion, à peine de décheance de leur privilege, & de cinq cens livres d'amende.

V I.

Ne pourront les Privilegiez aprés le dernier jour de Septembre demander le Sel de l'année écheuë, sous pretexte d'absence, maladie ou autre empeschement.

V I I.

Défendons aux Chapitres, Monasteres & Communautez des Pays de Gabelle de faire venir aucun Sel des Salines de nostre Comté de Bourgogne & autres, nonobstant tous privileges que nous revoquons, leur enjoignons de s'en fournir au Grenier de leur demeure, où nous voulons que le Sel leur soit délivré pour le prix du Marchand, que nous avons fixé à sept livres; Sçavoir aux Abbé, Prieur & Religieux de saint Benigne de Dijon vingt-un minots, aux Chanoines & Chapitre de saint Estienne de la mesme Ville quinze minots, à ceux de la sainte Chapelle quinze minots, à la Chartreuse de la mesme Ville aussi quinze minots, aux Peres de l'Oratoire de la mesme Ville trois minots, au Commandeur de la Magdeleine deux minots un quart, au Prieur de Bonval un minot & demy, au Seigneur du Village de Tallemot lors qu'il residera quatre minots & demy, à chacune personne du mesme Village de Tallemot, & de ceux de Febillot, Fontaine-Françoise, Chaussin, & Toumay de quelque âge & sexe qu'elles soient, excepté les enfans au dessous de sept ans, quatre pintes, qui leur seront délivrées suivant le rôlle qui en sera arresté au premier Janvier de chacune année par les Officiers du Grenier de leur demeure aux

frais de l'Adjudicataire , aux Prieur & Religieux de
Nôtre-Dame d'Espoisse deux minots , aux Prieur &
Religieux de Nôtre-Dame de la Buissiere aussi deux
minots, aux Chartreux de la Ville de Beaune six
minots , & aux Chanoines Reguliers de saint Jean
de la Ville de Semur quatre minots ; Leur défendons
d'en prendre ailleurs à peine de décheance de leurs
privileges à la premiere contravention , & d'estre
procedé contre ceux qui s'en trouveront chargez,
comme contre des Faux-sauniers.

TITRE QUATORZIE'ME.

*Des lieux privilegiez dans les païs de Gabelle & des
Salines appartenans aux particuliers.*

Article Premier.

Maintenons les habitans des Villes du Havre de Grace & Dieppe , & le Fauxbourg
de la mesme Ville de Dieppe appellé le Polet ,
dans le Privilege de faire venir des Marais de Broüage le Sel necessaire pour leur provision de deux
années.   I I.

Maintenons aussi les habitans des Villes de Fescamp & S. Vallery en Caux , dans le Privilege de
faire venir de Broüage pour leur provision de deux
années ; sçavoir , celle de Fescamp à raison de dix
muids , & celle de saint Vallery en Caux de cinq
muids de Sel par chacun an.

I I I.

Pourront neanmoins pour leur plus grande com_
modité prendre leur provision en nos Greniers,
auquel cas voulons que le Sel leur foit délivré
pour le prix du Marchand.

I V.

Défendons aux particuliers, Habitans, Marchands
& autres, mefme aux proprietaires des Marais d'en
faire venir & voiturer aucun Sel pour le fourniffement des Villes fus mentionnées, autrement que fur
les congez des Maire & Efchevins , enregiftrez au
Greffe du Grenier, & vifez du Commis, qui en fera mention fur fon Regiftre, le tout à peine de con_
fifcation, & de quinze cent livres d'amende.

V.

Ne pourront ceux qui feront porteurs des congez charger en Broüage une plus grande quantité
de fel que celle mentionnée en leurs congez, dont
ils feront tenus de rapporter des certificats du Commis de l'Adjudicataire en Broüage au bas des congez ; Comme auffi feront tenus de faire à leur retour leur route à droiture au lieu de la deftination,
le tout à peine de confifcation du fel , vaiffeaux &
équipages, & de quinze cent livres d'amende.

V I.

Ne pourront auffi quand ils auront chargé du fel
à Broüage charger d'autres marchandifes fur les
mefmes vaiffeaux , à peine de confifcation des marchandifes , vaiffeaux & équipages , & de quinze
cent livres d'amende.

VII.

V I I.

Seront les congez & certificats expediez , vifez
& enregiftrez tant par les Greffiers que les Commis
fans frais , à peine de concuſſion.

V I I I.

Sera le fel déchargé & mefuré au lieu de fa deftination , en prefence des Officiers du Grenier &
du Commis , & dépofé en l'un des magazins , à peine
de confifcation , trois cent livres, d'amende , & de
décheance du privilege s'il y échet.

I X.

Ne pourra eftre délivré aucun fel à bord des vaiffeaux ny autrement par les Marchands & Maiftres
des Navires à l'arrivée de leurs vaiffeaux par forme de
don, gratification, ou attribution à quelque perfonne
& Communauté que ce foit , mefme à l'Hoftel-Dieu
de la ville de Dieppe, fauf au Directeur de fe pourvoir
au Magazin.   X.

Si par le mefurage qui fera fait , il fe trouve
moins de fel que la quantité portée par les congez,
les Marchands & Maiftres des Navires feront condamnez à la reftitution de nos droits de Gabelle
de ce qui s'en défaudra , à raifon de ce qu'il fe vend
au Grenier , & en mil livres d'amende.

X I.

Sera tenu bon & fidelle Regiftre tant par les Officiers du Grenier que par les Commis de l'Adjudicataire , de tout le Sel qui fera amené dans les Magazins
dont fera délivré un Extrait fans frais au Marchand
Fourniffeur s'il le requiert.

XII.

Seront les Magazins fermez à trois clefs, dont l'une fera pour les Officiers du Grenier, l'autre pour le Commis, & la troifiéme pour le Marchand.

XIII.

Les adjudications au rabais pour le fourniffement du Magazin de Dieppe, feront faites au Bureau du Grenier à Sel, l'Audience tenant, dans les formes ordinaires.

XIV.

La diftribution du Sel tant pour le pot & faliere, que pour les groffes falaifons, autres que celles de la pefche, fera faite à la porte du Magazin deux fois le mois, aux jours reglez par les Officiers de nos Greniers avec les Habitans & le Commis, depuis deux heures apres midy jufques à fix.

XV.

Le Sel ne pourra eftre levé en un Magazin, que l'autre ne foit vuidé entierement, ny eftre diftribué à nos Sujets, qu'il n'ait acquis le depoft de deux ans, & fera mefuré par minots, boiffeaux & demy-boiffeaux.

XVI.

Le prix du Sel fera payé par les Particuliers Habitans, fur le pied de celuy qui aura efté convenu avec le Marchand, aux jours qui feront reglez, avant ceux de la diftribution, & feront tenus les Chefs de famille d'aller en perfonne faire le payement, s'il n'y a excufe valable.

X V I I.

Ne fera délivré aucun Sel aux Habitans qui n'auront declaré l'eftat de leur famille , ny à ceux qui
n'auront point acquis le droit de Bourgeoifie ; &
feront tenus de lever leur Sel au Grenier , comme
les autres contribuables.

X V I I I.

Le droit de Bourgeoifie ne fera acquis que par
ceux qui auront fait une demeure continuelle de trois
années, & rapporteront un Acte de reception des
Efchevins, qui fera communiqué au Commis trois
jours apres qu'il aura efté accordé , au bas duquel
le Commis mettra fon Certificat fans frais.

X I X.

Seront tenus d'affifter, tant à la recepte du prix,
qu'à la diftribution du Sel , les Officiers du Grenier
ou l'un d'eux, l'un des Efchevins en Charge ; & en
cas de maladie ou abfence, l'un des anciens Efchevins ; & le Commis de l'Adjudicataire ; Et fi l'un des
Officiers Efchevins ou Commis ne s'y trouve point,
la recepte & la diftribution feront remifes à un autre
jour.

X X.

Les Officiers du Grenier, le Commis & le Marchand tiendront chacun deux Regiftres , l'un de la
Recepte du prix, & l'autre de la diftribution du Sel,
dans lefquels feront employez les noms, furnoms,
qualitez & demeures des Bourgeois , avec le nombre
des perfonnes qui compofent leurs familles, & feront
les Regiftres paraphez fur le champ, tant par les

Officiers, Commis, & Marchand, que par l'Esche-
vin, à la fin de chacun jour de recepte & distribution.

X X I.

Maintenons les particuliers Habitans d'Harfleur,
Eu & Tresport, Bourg-d'Ault & S. Vallery-sur-Som-
me, dans le Privilege de prendre le Sel pour leur
provision, grosses & menuës salaisons, selon l'estat
de leurs familles, au Grenier de leur demeure, pour
le prix du Marchand.

X X I I.

Maintenons aussi les particuliers Habitans de
Honfleur dans le Privilege de prendre au Grenier
leur Sel de provision par vente volontaire.

X X I I I.

Maintenons pareillement dans le privilege de
prendre du Sel blanc aux Salines d'Avranches,
pour le pot & saliere, grosses, & menuës salaisons,
les particuliers habitans des Paroisses des Elections
de Dompfront, Avranches, Coûtances, Valognes,
Carentan, S. Lo, Vire, Mortain, & des Paroisses
dependantes de celle de Bayeux, sçavoir, Blay,
Trevieres, Manneville, Cottun, Tournieres, le Mol-
lay, Saonnet, Bernersq, Tessy, Nostre-Dame de
Blasgny, Campigny, Crosnay, Baynes, a agy,
Rubertil, Cerizy, la Haye-Piquenot, S. Martin-de-
Blasgny, Littry, Nozon, Renchy, le Breüil, Saon,
S. Loüet, Condé-sur-Vire, Bretonville, Bantion,
Pré-Corbin, Lamberville, le Perroin, Dampiere,
Placy, Malloüay, la Chappelle, Heusebroc, Beu-
vrigny,

vrigny, Plaine-Seuvre, Gresville, S. Amant, la Chapelle-du-Feftel, Montbertran, Bierres, Cormolain, Vidouville, Montrabot, la Vacquerie, Montagu, le Frefne, la Lande-fur-Daomme, faint Germain-d'Elle, Litteau, faint Quantin-d'Elle, Qulberville, Berigny, S. Georges-d'Elle, Rouxeville, S. Symphorien, S. Jean-des-Effartiers, les Loges, la Ferriere-au-Doyen, Sepuans, Sallon, S. Martin-de-Caumont, S. Pierre de Semilly, S. Oüen-de-Bezaffe, S. Efbremont de Semilly, S. Martin-de-Bezaffe, la Ferriere-Harene, fainte Suzanne, S. Jean-des-Baifans, Noftre-Dame-de Torigny, S. Laurens-de-Torigny, Campeaux, Breville, Fourneaux, Moon, Couvains, Airel, Rampaon, la Luzerne, Clovay, S. Clair, Cahenchy, Criqueville, la Cambe, Efcraimville, Grand-Champ, Ofmainville, Beaumont, Veret, Longueville, Afnieres-Vieroulle, Maify, Fontenay, Deuxjumeaux, S. Pierre-du-Mont, Loupvieres, Englefgueville, Aignerville, S. Germain-du-Pert, S. Clement, Leftauville, Cardouville, le Bourg-d'Ifigny, les Hameaux dudit lieu, Vouilly, les Houbeaux, Neüilly, Briqueville, Coulombiers, la Follie, S. Marcou, Maiftry, Montfreville, Caftilly, Lizon, Lefpinay, Cartigny & S. Laurens Durieu.

X X I V.

Leur enjoignons lors qu'ils iront charger aux Salines de prendre un certificat du Curé de leur Paroiffe qui contiendra leur nom, qualité, employ, & domicile, l'état de leur famille, la quantité de

Sel qu'ils entendent lever , le nom de la personne qu'ils font partir à cet effet, qui sera leur domesti-que , Fermier, ou au moins l'un des habitans de la Paroisse où ils sont domiciliez , avec la declaration du temps auquel ils ont fait leur derniere provi-sion ; & sera le certificat porté au Commis de l'Ad-judicataire, qui leur délivrera un passavant pour le Controlleur des passages , & retiendra le certificat, au dos duquel ceux qui en seront porteurs signe-ront leur declaration contenant la quantité de Sel pour laquelle le passavant leur a esté délivré ; & à leur retour des Salines, le Controlleur retiendra le passavant du Commis avec pareille declaration de la quantité du Sel qu'ils auront achepté , & leur délivrera un autre passavant de mesme qualité, le tout à peine de confiscation du Sel , chevaux & équipages, & de trois cens livres d'amende.

X X V.

Sera tenu Registre tant par le Commis que par les Controlleurs des passages , des certificats & passavans ; & seront les passavans délivrez sans frais, à peine de concussion.

X X V I.

Leur défendons aussi d'user d'aucun sel gris s'il n'est pris dans nos Greniers , à peine de confisca-tion, & de cinq cent livres d'amende pour la pre-miere fois, & pour la seconde de punition corpo-relle.

X X V I I.

Leur défendons pareillement & à tous autres,

de debiter ou tranſporter dans les Paroiſſes de nos Greniers aucun ſel blanc , à peine d'eſtre punis comme faux-ſauniers.

XXVIII.

Seront tenus les Aſſéeurs & Collecteurs des Tailles de fournir aux Commis de l'Adjudicataire par chacune année un double du Rolle des Tailles ſigné d'eux , des Paroiſſes mentionnées en l'Article vingt-trois, à peine de vingt livres d'amende.

XXIX.

Faiſons défenſes aux Habitans ſous la meſme peine de faux-ſaunage, de faire aucune revente de ſel blanc dans les Elections & Paroiſſes cy-deſſus, s'ils n'en ont la permiſſion par écrit de l'Adjudicataire.

XXX.

Ne pourront les Regratiers de ſel blanc eſtre établis que dans les lieux où il y a Foires & Marchez; Ne pourront auſſi ſerrer ny tenir le ſel blanc deſtiné pour l'exercice de leur revente que dans leurs maiſons d'habitation, qui ſeront au moins éloignées de deux lieuës des dernieres Paroiſſes ou Hameaux du reſſort de nos Greniers , le tout à peine de cent livres d'amende.

XXXI.

Pourront les Regratiers charger aux ſalines telle quantité de ſel que bon leur ſemblera , pourveu qu'ils y aillent en perſonne , ou qu'ils ſe ſervent de leurs Voituriers ordinaires , dont ils demeureront reſponſables , & qu'ils prennent des congez du Commis de l'Adjudicataire, qui contiendront la quantité du fel qu'ils entendent lever.

XXXII.

Ne pourront les Habitans prendre du fel des Regratiers d'une autre Election , à peine de vingt livres d'amende, tant contre le Regratier que contre l'Acheteur.

XXXIII.

Ne pourront auffi fous la mefme peine en prendre des Regratiers dans l'Election de leur domicile autrement que fur le certificat des Curez de leurs Paroiffes.

XXXIV.

Les certificats feront délivrez fans frais par les Curez, tant aux Regratiers qu'aux autres Habitans, à peine de reftitution du quatruple , & de cinquante livres d'amende pour chacune contravention, à quoy ils feront contraints par faifie de leur temporel.

XXXV.

Sera fait Regiftre par les Regratiers des certificats & des ventes ; & feront tenus de trois mois en trois mois de remettre les certificats entre les mains du Commis de l'Adjudicataire, avec un extrait du Regiftre des ventes qu'ils auront faites.

XXXVI.

Enjoignons aux Regratiers d'ouvrir leurs maifons aux Capitaines & Archers de nos Gabelles pour y faire leurs recherches, à peine de cent livres d'amende pour la premiere fois , & de punition corporelle pour la feconde.

XXXVII.

XXXVII.

Maintenons dans le privilege d'uſer de ſel blanc
pour leurs proviſions, groſſes & menuës ſalaiſons,
les Paroiſſes de ſaint Thomas, S. Pierre de Toucques, de Trouville, & Bonneville.

XXXVIII.

Maintenons auſſi dans le privilege d'uſer de ſel
blanc pour le pot & ſaliere, & les menuës ſalaiſons
ſeulement, les Paroiſſes de Blonville, ſaint Arnould,
Tourgeville, ſaint Cloud, Rabuſt, ſaint Eſtienne
de la Tillaye, Coudray, ſaint Martin aux Chartrains,
Canapeville, Roucheville, Pontleveſque, ſaint Melaigne, Sourville, ſaint Jullien, le vieux Bourg,
Manneville Lapipare, Launay, Authieux, Penne
de Pied, Criquebeuf, Villierville, ſaint Andrehe-
bertot, Eſquemeauville, Barneville, ſaint Gratien,
Tourville, Angleſqueville, Gonneville, Fourneville,
Genneville, Tonthuit, ſaint Benoiſt, le Teil la Riviere, Vaſſoüy, Daubeuf, Hennequeville, Benerville, Vauville, ſaint Pierre Aſif, Deauville & le
Meſnil ſur Blangy, en ce qui dépend du Grenier à
ſel de Honfleur.

XXXIX.

Voulons que la réduction cy-devant faite des ſalines des marais de ſaint Arnould, ſaint Pierre & ſaint
Thomas de Toucques, & de Trouville, au nombre
de vingt-quatre ſoit executée, dans chacune deſ-
quelles ne pourra eſtre façonné que la quantité de
cent quarante cinq boiſſeaux de ſel pour chacun an,
revenant pour le tout à celle de trois mil quatre cent

quatre vingt-un boiſſeau , à peine de démolition des
ſalines, confiſcation du ſel, cinq cent livres d'amende contre les Proprietaires & Fermiers , & reſtitution de nos droits de Gabelle.

X L.

Le travail des ſalines ſera partagé en ſorte qu'il
n'y en ait que huit qui travaillent en un même jour ;
& feront les jours reglez avec les Commis de l'Adjudicataire ; Défendons aux Proprietaires & Fermiers
d'y contrevenir ſous les mêmes peines.

X L I.

Voulons que tout le ſel qui ſe fera & cuira ſur les
ſalines, ſoit incontinent apporté de jour à autre par
les Sauniers accompagnez des Gardes, en la Solle ou
Magazin de Toucques, dont le Commis de l'Adjudicataire fera regiſtre, qui contiendra le jour de l'ap-
port du ſel , & les noms des Sauniers ; & ſera le Magazin fermé à deux clefs , dont l'une demeurera au
Commis , & l'autre à celuy des Sauniers Proprietaires qui aura eſté nommé par eux , ſans que les
Proprietaires Sauniers ou Fermiers puiſſent tenir
en leurs maiſons plus grande quantité de ſel que celle qui leur eſt neceſſaire pour leurs menuës ſalaiſons
de la ſemaine ſeulement , à peine de confiſcation du
ſel , & de trois cent livres d'amende.

X L I I.

Sera faite ouverture du Magazin, les Mercredy &
Samedy de chacune ſemaine , depuis dix heures du
matin juſqu'à deux heures de relevée , en preſence
de l'un des Officiers du Grenier de Honfleur, & du

Commis, qui tiendront chacun un regiftre du fel qui
s'y vendra, & des noms des achepteurs ; & fera payé
à l'Officier par l'Adjudicataire la fomme de cent fols
pour chacun jour des deniers du droit de quart
boüillon pour fon affiftance.

XLIII.

Défendons d'en vendre ailleurs qu'au Magazin,
à peine de faux-faunage.

XLIV.

Sera délivré par chacun an à la Paroiffe de faint
Thomas de Toucques, trois cent quatre-vingt
cinq boiffeaux de fel des falines de faint Arnould, &
autres cy-deffus nommées, à celle de faint Pierre de
Toucques, cent vingt quatre ; à celle de Trouville,
deux cent quinze ; à celle de Bonneville, deux cent
quatre-vingt cinq.

XLV.

Sera auffi délivré par chacun an du même fel, à la
Paroiffe de Blonville foixante quatre boiffeaux, à
celle de faint Arnould foixante, à celle de Tourgeville quatre-vingt huit, à celle de faint Cloud trente,
à celle de Rabuft trente, à celle de faint Eftienne de
la Tillaye quatre-vingt deux, à celle de Coudray
vingt deux, à celle de faint Martin aux Chartrains
trente huit, à celle de Canapeville foixante quatorze, à celle de Roucheville quarante un, à celle de
Pontlevefque, quatre cent foixante quatre, à celle
de faint Melaigne quarante, à celle de Sourville
quatre-vingt, à celle de faint Jullien foixante-
deux, à celle de Vieilbourg quarante-deux, à cel-

le de Menneville Lapipart cent cinquante - cinq,
à celle de Launay quarante fix, à celle du Mefnil fur
Blangy cent cinq, à celle des Authieux cent trente
quatre, à celle de Penne de Pied cinquante quatre,
à celle de Criquebeuf dix-huit, à celle de Villierville feize , à celle de faint André Hebertot cent quarante quatre, à celle d'Efquemeauville neuf, à celle
de Barneville dix-neuf, à celle de faint Gratien foixante, à celle de Tourville dix-huit , à celle d'En-
glefqueville vingt , à celle de Gonneville trente
deux, à celle de Fourneville, trente neuf, à celle de
Genneville vingt trois, à celle de Tonthuit cinq, à
celle de faint Benoift vingt-trois , à celle de Teil
huit, à celle de la Riviere trente cinq , à celle de
Vaffoüy fix, à celle d'Aubeuf dix, à celle d'Hanne-
queville neuf , à celle de Benerville quinze, à celle
de Vauville dix-fept, à celle de Deauville dix, à celle de faint Pierre Afif trente fix.

XLVI.

Sera pareillement délivré au fieur Evefque de Lizieux trente-fix boiffeaux de fel blanc, pour luy tenir lieu de dédommagement des rentes Seigneu-
riales par luy pretenduës fur les Salines de Toucques, de laquelle quantité il fera tenu de fournir
tous les ans vingt boiffeaux aux Religieux Chartreux du Valdieu, au lieu des dix minots de fel gris
qu'il eftoit obligé de leur fournir au Grenier à fel de
Mortagne.   XLVII.

Les Marguilliers des Paroiffes feront les déparre-
mens pour les particuliers Habitans fuivant leur
negoce,

negoce , & l'eſtat de leur famille dont ils fourniront copie en bonne forme au Commis de l'Adjudica-taire, ſur l'Extrait deſquels & les Certificats des Cu-rez, le ſel ſera délivré aux particuliers , en payant le prix comptant.

XLVIII.

Pourront neanmoins les Habitans faire prendre le ſel neceſſaire pour la proviſion de toute la Pa-roiſſe par les Marguilliers, ou deux des principaux d'entre-eux qu'ils auront nommez , auquel cas le ſel ſera retiré du Magazin de Semaine en Semaine, & le payement en ſera fait à la premiere ouverture d'aprés le jour qu'il aura eſté délivré.

XLIX.

Les particuliers Habitans ſeront tenus de pren-dre le ſel neceſſaire pour leurs groſſes ſalaiſons au Grenier de Honfleur au prix ordinaire , & s'ils ont beſoin pour l'uſage du pot & ſaliere & menuës ſa-laiſons d'une plus grande quantité de ſel, que ce qui leur ſera diſtribué par le departement qui ſera fait par les Marguilliers, conformement à l'Article qua-rante-ſept , ils ſeront tenus pareillement de le pren-dre au Grenier de Honfleur, au prix du Grenier.

L.

Les Eccleſiaſtiques & Nobles domiciliez dans les meſmes Paroiſſes ne ſeront compris dans les rolles & departemens ; les maintenons dans le pri-vilege de ſe ſervir de ſel blanc pour moitié de la conſommation ordinaire de leurs maiſons & famil-les, juſqu'à la quantité de cent cinquante-trois boiſ-

seaux de sel b'anc par chacun an , à la charge de
prendre pareille quantité de sel gris au Grenier à
Sel de Honfleur, dont ils feront tenus de prendre
certificat des Officiers & du Commis du Grenier,
& de le raporter au Magazin de Toucques, où il
leur fera délivré pareille quantité de sel blanc que
celle de sel gris contenuë au Certificat.

L I.

Défendons aux Proprietaires des falines , Fermiers, Habitans , Ecclefiaftiques, & Nobles, demeurans dans les Paroiffes mentionnées aux Articles
trente-fept & trente-huit, & à tous autres d'y faire
aucun commerce de fel blanc, en porter & voiturer
ailleurs qu'au Magazin, fous quelque pretexte que
ce foit , ny du Magazin par la campagne à autres
jours que les Mercredy & Samedy de chacune fe-
maine que l'ouverture en eft faite, à peine d'eftre
punis comme faux Sauniers.

L I I.

Les habitans des quatre-vingt feize Paroiffes du
Grenier de Lizieux , feront tenus d'y prendre par
vente volontaire le fel neceffaire pour leurs menuës
& groffes falaifons, ainfi & fous les mêmes peines
que les autres contribuables.

L I I I.

Maintenons la ville de Cherbourg dans le privilege d'ufer du fel blanc des marais de Croiffy pour
les menuës falaifons ; & pour les groffes feront obligez de prendre du fel gris dans le Magazin qui y fera
étably.

LIV.

Sera le sel blanc & le sel gris dépofé dans le Magazin par maffes feparées, & enfermé fous les clefs des
habitans, & du Commis de l'Adjudicataire.

LV.

Le fel blanc fera diftribué comme deffus aux particuliers habitans felon l'eftat de leurs familles, & le
fel gris leur fera délivré par le Commis de l'Adjudicataire pour les groffes falaifons, & l'avituaillement
de leurs vaiffeaux pour le prix du marchand, fixé à
quatre livres pour minot.

LVI.

Leur défendons tout commerce de fel de quelque
qualité qu'il foit, à peine de faux-faunage.

LVII.

Défendons auffi à toutes perfonnes de faire commerce ou de fe fervir pour quelque falaifon que ce
foit, dans les Villes, Bourgs & Paroiffes mentionnées au prefent titre, & generalement dans l'étenduë de nos Gabelles, & des dépots des eaux de la
mer ny de celles des fources, puits & fontaines qui
en produifent de falées, à peine de confifcation des
vaiffeaux, chevaux, harnois, & inftrumens qui auront fervy à la puifer & voiturer, & de mil livres d'a-
mende contre chacun des contrevenans.

TITRE QUINZIE'ME.

De la Salaison des Poissons, Chairs & Beurres.

ARTICLE PREMIER.

POurront les particuliers habitans des Villes de Honfleur, du Havre, Dieppe & Faux-bourgs du Polet, aller ou envoyer aux Marais de Broüage prendre le Sel necessaire pour la salaison des poissons de leurs pesches, en faisant auparavant leur declaration de la quantité qu'ils y entendent lever & de l'usage qu'ils en veulent faire, & sera la declaration retenuë par le Commis de l'Adjudi-caire, qui leur délivrera sans frais un congé pour estre representé au Commis estant sur les Marais qui leur donnera aussi sans frais un certificat, contenant la quantité qu'ils auront levée, lequel ils seront tenus de representer avec leur charte partie à leur retour de la pesche, & ne pourront ceux qui seront porteurs des congez prendre d'autres routes que celles qui y sont mentionnées, le tout à peine de confiscation, trois cent livres d'amende & restitution de nos droits de Gabelle.

II.

Seront tenus sous les mesmes peines nos autres sujets de Normandie, & Picardie, de prendre des mains de l'Adjudicataire ou de ses Commis, en faisant pareille declaration le Sel necessaire pour

la

la pefche, & la falaifon des poiffons, qui leur fera fourny pour le prix du Marchand, leur défendons de le prendre ailleurs ny de le voiturer dans aucune maifon particuliere, voulons que du Grenier à Sel, il foit directement porté dans les Bateaux.

I I I.

Défendons fous les mefmes peines à tous Marchands, Facteurs, Commiffionnaires, Maiftres de Navires, Voituriers, & autres tant François qu'étrangers, d'apporter, ou faire venir en noftre Royaume aucun poiffon en barils, & Hambourgs, ou autres Vaiffeaux, dans lequel il y ait plus de Sel qu'il n'en eft befoin pour la confervation des marchandifes.

I V.

Seront tenus fous les mefmes peines dans les vingt-quatre heures aprés leur arrivée de bailler deux declarations, l'une aux Officiers du Grenier à fel & l'autre au Commis de l'Adjudicataire, du nombre des barils, Hambourgs & autres Vaiffeaux qui feront à l'inftant déchargez en prefence du Commis, vifitez & ouverts par les deux bouts, reliez enfuite & marquez par le Commis d'un G, avec un fer chaud, & inventoriez en la maniere accouftumée, & fera le Sel fuperflu jetté comme immonde.

V.

Ne pourront les barils, & Hambourgs, & autres Vaiffeaux eftre enlevez des quays ou des magazins, foit par les Marchands, ou par ceux à qui ils les auront vendus en gros , qu'ils n'ayent auparavant donné deux pareilles declarations de la quantité qu'ils entendent enlever , & du lieu de la destination , sur lesquelles seront les Inventaires déchargez , & sera par eux baillé acquit à caution de rapporter la certification des Officiers & Commis du Grenier de la décharge qu'ils en auront faite, le tout sous les mesmes peines.

V I.

Voulons aussi sous pareilles peines qu'à l'instant que les barils , Hambourgs & autres Vaisseaux seront arrivez aux lieux de leur destination où il y aura Grenier à Sel , les Marchands & Voituriers soient tenus de representer pareilles declarations aux Officiers & aux Commis avant que de les enlever des Bateaux , & s'ils sont voiturez par charroy qu'ils soient conduits au Bureau des Greniers pour estre en l'un & l'autre cas visez , & le poisson tiré l'un aprés l'autre, & le Sel superflu, si aucun y a , sera jetté comme dessus.

V I I.

Nous avons reglé le Sel necessaire pour les salaisons des harangs à sept minots & demy pour chacun lehts d'harang-blanc, & trois minots pour chacun leths d'harang sor.

V I I I.

Le Sel neuf de rapport qui restera en essence tant de la pesche & salaison des mouluës que de celle des harangs & autres poissons , sera mesuré & mis dans une salle du magazin sous les clefs des

Officiers, du Commis & des proprietaires pour leur estre délivré fans frais, lors qu'ils retourneront aux pesches de l'année suivante.

I X.

Nous avons aussi reglé le sel necessaire pour la salaison des maquereaux à deux minots & demy pour chacun millier.

X.

Le sel pris en Broüage pour les salaisons des harangs & maquereaux, sera déchargé & mesuré au retour de Broüage, en la presence du Commis, & transporté incessamment dans les solles ou magazins, pour y estre en depost sous les clefs des Officiers, du Commis & des Proprietaires.

·X I.

Sera délivré le sel pour les harangs en la saison de la pesche, & ne sera délivré aucun sel pour les maquereaux qu'aprés l'arrivée des bateaux dans les Ports au retour de la pesche, sinon aux Marchands & Bourgeois connus & approuvez par les Officiers & Commis de l'Adjudicataire.

X I I.

Seront tenus les notables Bourgeois de Dieppe & Fauxbourgs du Polet, de s'assembler le quinziéme Mars de chacune année en l'Hostel commun de la Ville, en presence des Officiers du Grenier à sel, & du Commis de l'Adjudicataire, en laquelle assemblée ceux qui voudront faire des salaisons de poisson durant le cours de l'année, seront tenus de se presenter pour estre connus & approuvez, & inscrits dans un rolle qui sera fait par l'advis des Officiers du Grenier à Sel, des Eschevins & du Commis, dont seront mis deux extraits en forme, l'un au Greffe du Grenier, & l'autre entre les mains du Commis.

XIII.

Ne pourra le poisson estre déchargé qu'en presence du Commis, ny conduit en la maison des Saleurs, qu'en vertu du congé qui sera par luy baillé sans frais, sur les declarations des Proprietaires qui contiendra la quantité, la qualité, & le lieu où ils entendent le faire saler.

XIV.

Ne seront tirez les maqüereaux de la cuve qu'ils n'y ayent demeuré douze jours entiers pour prendre sel, à peine de confiscation, & de cinq cent livres d'amende contre les Saleurs.

XV.

Ne pourront sous les mesmes peines les maquereaux estre caquez qu'en presence du Commis, ou luy deuëment appellé ; Et sera tenu le Commis de contre-marquer avec un fer chaud chacun baril de la marque de l'Adjudicataire dans les vingt-quatre heures, à peine de répondre des dommages & interests des Marchands.

XVI.

Ne sera mis aucun sel dans le ventre des maquereaux, ny entre les lits, pourra seulement estre semé une livre & demie de sel à chacun bout du baril

pour

pour la confervation du poiffon , le tout fous les mefmes peines.

X V I I.

Le poiffon ne pourra eftre tranfporté de la maifon des Saleurs , qu'en vertu du congé du Commis de l'Adjudicataire fur la declaration qui fera fignée des Vendeurs & des Acheteurs, ou s'ils ne fçavent figner, d'un Notaire & de deux témoins contenant la quantité, la qualité, & le lieu de la deftination, & feront tenus les Marchands de rapporter les congez , pour eftre verifiez par le Commis , le tout fous pareilles peines.

X V I I I.

Le fel neceffaire pour la falaifon des fcelans, fatrons, maquerelles, foyes, & autres menus poiffons qui fervent d'apas à la pefche, fera délivré tant aux Maiftres qu'aux Compagnons des grands & petits bateaux pefcheurs du Polet, aux jours , quantité & conditions reglées entr'eux & l'Adjudicataire.

X I X.

Seront tenus les Maiftres des grands & petits bateaux pefcheurs de fournir par chacune année au Commis de l'Adjudicataire, le jour de la premiere livraifon qui leur en fera faite, un eftat par eux certifié veritable , contenant le nom & le port de leurs bateaux, avec les noms & furnoms de leurs Compagnons qui font domiciliez au Fauxbourg du Polet.

X X.

Seront auffi tenus les Maiftres & Compagnons de fournir au Commis par chacune année la decla-

ration de la quantité des poiſſons qu'ils auront ſa-
lez ; Sçavoir celle des ſcelans & ſatrons le dernier
Septembre , & celle des barils des maquerelles &
foyes le dernier Decembre , qui ſeront repreſen-
tées aux Commis, avec le ſel reſtant qui n'aura pas
eſté employé aux ſalaiſons.

X X I.

Sera le ſel reſtant en nature qui n'aura eſté employé à la ſalaiſon des poiſſons de quelque qualité
qu'ils ſoient, reporté en la ſolle , pour eſtre rendu
comme deſſus aux peſches ſuivantes , & celuy qui
aura ſervy à la ſalaiſon , ſera avec la ſaumure jetté
comme immonde.

X X I I.

Seront tenus les Maiſtres des bateaux , & les Roul-
liers qui auront chargé des Marchandiſes de ſalines , de repreſenter à la ſortie aux Gardes des Portes , & à ceux qui ſont établis ſur les quais, leur charte partie & Lettres de voiture, à peine de confiſcation , & de trois cent livres d'amende.

X X I I I.

Permettons pour l'execution du contenu aux precedens Articles , toutes viſites & recherches aux
Officiers de nos Greniers , & aux Commis durant
la ſaiſon des peſches & des ſalaiſons.

X X I V.

Ne ſeront amenez , vendus , ny debitez dans
l'étenduë de noſtre Ferme des Gabelles aucuns
beurres, ſoit en pots , tinettes , barils , ou autres
vaiſſeaux , dans leſquels il y ait aucun ſel net, &

en nature, à peine de confifcation, tant du fel, que des Marchandifes & équipages, & de trois cent livres d'amende.

X X V.

Seront tenus fous les mefmes peines ceux qui tranfporteront des beurres falez en nos païs de Gabelle de faire leurs declarations aux Commis du plus prochain Grenier de la quantité des beurres, du nom de ceux à qui ils appartiennent, des lieux où ils ont efté chargez, & où ils font deftinez ; laquelle declaration fera fignée d'eux, & receuë par le Commis qui leur délivrera un congé fans frais.

X X I V.

Ne pourront fous pareilles peines eftre déchargez les beurres au lieu de leur deftination, qu'ils n'ayent efté reprefentez au Commis avec le congé.

X X V I I.

Permettons aux Commis, Capitaines, Gardes, & autres Prépofez par l'Adjudicataire, de les vifiter, fonder & flufter, en forte neanmoins que le prix des beurres n'en foit diminué.

X X V I I L

Défendons fous pareilles peines, de tranfporter aucuns lards ny chairs falées des païs exempts de nos Gabelles en ceux où elles ont cours, en ce non compris les jambons de Bayonne qui pourront y eftre tranfportez, enfemble ceux de Mayence, en vertu des paffeports de l'Adjudicataire, & non autrement, à peine de confifcation, & de trois cent livres d'amende.

XXIX.

Faisons semblables défenses & sous pareilles peines à tous nos Sujets demeurans dans nos païs de
Gabelle, de prendre du sel chez les Regratiers pour
la salaison des chairs & des beures.

TITRE SEIZIE'ME.

*Du commerce du Sel dans le Poitou & autres Pays re-
dimez, & des dépofts eftablis dans les Paroiffes
Limitrophes des pays de Gabelle.*

ARTICLE PREMIER.

LEs Habitans du Poitou & de ses anciens ref-
forts, Limofin, Auvergne, Haute & Baffe-
Marche, Combrailles, Francalleu & autres Provinces non fujettes à nos droits de Gabelle, joüiront
de leurs franchifes en la maniere accouftumée.

I I.

L'Adjudicataire tiendra des depofts dans les Villes
& lieux de Tiffauge, Mortagne, Mauleon, Argen-
ton-le-Chafteau, Toüars, Airvault, Latillé, Jaunays,
Chaftellerault, Lapuy de Senan, Angle, Blanc en
Berry, Belarbre, S. Benoift du Sault, Dung le Palteau, S. Vaury, Gueret, Ahun, Aubuffon, Auzen-
ces, Chambon, Evahon, Montegu, Pionfat, Menat, S. Gervais, Efbreville, Combronde, Riom,
Aigueperfe, Maringue, Lezou, Tiers, Ris, Cuffet
& faint Pourçain.

III.

III.

Le reffort des Paroiffes en chacun Depoft, demeurera reglé en la maniere fuivante.

Dépoft de Thiffauge.

Thiffauge, Longeron , la Romagne , Rouffay,
Montigne , Torfou , Lenclave de Longeron , les
Landesgenuffon , faint Aubin des Ormeaux , faint
Martin Lars.

Dépoft de Mortagne.

La Ville de Mortagne, S. Hilaire en Mortagne,
le Puy S. Bonnet, la Teffoualle, S. Chryftophle des
bois , le petit Cholez , la Sequiniere , le May , S.
Leger , S. André de la Marche, Efuronne, la Vai-
rie jufques aux limites qui ont efté reglées, S. Laurens fur Saivre.

Dépoft de Mauleon.

Mauleon, le Temple de Mauleon, S. Joüin fous
Mauleon, Roartais, S. Aubain de Baubigne, Moulins , S. Pierre d'Echaubronne, la petite Boiffiere,
les Aubiers , Nueil , Gombran , la Chapelle Lar-
geau, Treize vents , Malieure, S. Amant.

Dépoft d'Argenton le Chafteau.

Argenton, Ulcot, Geneton, Boüillé S. Paul,
Cerçay Maffay , Argenton, l'Eglife , & Bagneux,
le Breüil, Moutier , Sauzay , Boeflé , la Coudre,
Nerlieu, S. Aubin du plain, la Chapelle Gaudin,
Chambroutet, Voutegon, S. Clementin, Eftuffon,
L'enclave de Beaulieu, Clairé pour la Terre de
Beaurepaire, la Metairie de la Porte, la Borderie
de la Loge, les Landes Buget, la Blantonnerie, Vil-

lage du Jars & les bois Esnons , Nueil sous passavant pour la touche de Foye , & grand-Champ , la
Fougereuse pour la Gueriniere & les Moulins , tant
à eau qu'à vent du sieur de Beaurepaire , S. Pierre
à Champ , pour les petits Preaux ou les Blanchar-
deries & les Brandes Fontenelles en dépendans.

Dépost de Thoüars.

Thoüars , le Bourg S. Jean , le Bourg S. Jacques,
Coullonges Luché , Jeay , sainte Geme , Pierre-Fit,
Foyelebasse , Rigné , Missay pour la partie qui est
en Poitou , Maulay , Luzay , saint Varant fors l'en-
clave d'eschafau , Noirterre , les enclaves de saint
Porcher , sainte Vierge , Bric , Oyron , Pas de Jeu
pour la partie qui est en Poitou , saint Martin de
Mascon pour la partie qui est en Poitou , Tourtenay,
Montbrun pour la partie qui est en Poitou , Brion,
Estambé pour la partie qui est en Poitou , Louzy,
saint Cir , la Lande , S. Martin de Sanzay , pour la
partie de Poitou , Boüille Lorat pour la partie de
Poitou , Vaudelenay pour la partie de Poitou , &
S. Macaire pour la partie qui est en Poitou , Glenay,
Mauzay , sainte Radegonde , Noizé , Taizé , Bilazay.

Dépost d'Airvault.

Airvault , Jumeaux , Bore , Assay fors l'enclave de
Maison-sel , Availlé , Soulieure , Taissonniere , Loin,
la Ville & Paroisse de S. Loup , S. Joüin , Iray , Ar-
gentines & Monteillé , Paroisse saint Generou , Bous-
say , Chastillon , Chiche , Maisontiers , Lameray,
le Chillou Aubigny , Gourge , la Peratte , Oroux,
Lomoy , Pressigny , Tenezay , le Village & Hameau

de Puyvrain Paroiſſe de ſaint Chartre.

Dépoſt de Latillé.

Latillé Montreüil Bonin , Vonneüil ſous Biard, Biard , les enclaves de la Paroiſſe de Beruges, juſques aux limites reglées, Voüillé , Quincé , Chircy, Siſſay, Neuville Bellefoye , Charais, Airon, Cramar Roüilly, Vandelogne, les enclaves de la Paroiſſe de Benaſ-ſay, ſituée dans l'eſtenduë des limites juſqu'à icelles, les enclaves de la Paroiſſe de Vaſle juſqu'aux limites, la Feriere, les enclaves de la Paroiſſe de Cherve, Bois Baudry , la Touche, Seran , & les enclaves de la Paroiſſe de Sorays juſques aux limites reglées.

Dépoſt de Iaunays.

Jaunays , Beaumont , la Tricherie, le Pont de l'Ange, ſaint Leger Vandœuvre, Bonnivet, Chinée, Cheneché , Avanton , Migné les petites ances , Moulin-neuf, Chazeneüil, le Pont des Ances , Buſ-ferolles, partie de Montamizé juſques aux limites, S. Georges, Diſſay , Chabornay Ville Monomée.

Dépoſt de Chaſtellerault.

La Ville & Fauxbourgs de Chaſtellerault , In-grande, ſaint Eutre, Oiré Lagrois, Dangé Buſſiere, Poiſé le Joly , ſaint Sulpice & le Port de Pille, les Ormes ſaint Martin, ſaint Remy & partie du Faux-bourg ſaint Jaques de la Haye, l'Abbaye de Rive, Lugny ſur Creuſe, la Ville Plate, Lignay, les Bois , S. Martin de Couſſay les Bois & Leſigny, ſaint Hi-laire, Senillay, Chaſteau de Bornay, ſaint Sauveur, Montoüaron, Princé, Availle la Tour d'Oiré , Po-tumé Ozon, Antoine , Targé , Cenon , Vonneüil

fur Vienne , Chateau de Chitré , le Fou , faint Cir
Mouffay , Bonneil Matour , Anieres , Chenevelles,
Veleche , partie du Pont Amboifé , partie de Cour-
coy , partie de Marigny fous Marmande ; partie
de la Tour faint Gelin , partie de Mondion , enclaves
de la Paroiffe de Douffay , le Haut Jacquelin la
Clouziere , le Haut & bas Maffilly , Maillefiance , la
Jufticre , S. Romain , Vaut , Ligné fur Uffeau , Uffeau
Remeneüil , Antran , Thure , Scorbay , Coulom-
bieres , Nintré , Marigny fous Brizaye ; Ouzille , S.
Geneft, & partie de Lencloiftre , Cernay , Aurigny,
Sauffay , faint Martin , faint Gervais , faint Chri-
ftophle , Orche.

Dépoſt de la Puy.

La Puy , Senant , fainte Radegonde , Cremille ,
faint Senery , la Chaume & Plumartin , Archigny,
La Chapelle Roux , Belfond , le Chafteau de Bois
Garnault, Freffineau.

Dépoſt d'Angle.

Angle , faint Martin de Tournon , la Buffiere,
Merigny , Vic , Neon , Luray , faint Pierre & faint
Phele de Maillé , Seurvillé , l'enclave de la Mori-
niere , l'enclave d'Eftourneau , Preüilly la Ville,
le Village de Creuzats de la Paroiffe de Nalliers.

Dépoſt du Blanc.

La Ville du Blanc , Pouligny , Dovadic , Foncom-
bault, la Vaudieu , Concremier , Mauvieres , In-
grande , Plaincourant , faint Aigny , Sauzelles,
Betines , Migné , Rofnay , l'enclave Daffon,
Lingé.

Dépoſt

Dépost de Belarbre.

Belarbre, Joüart, Nesme, Chalais & Ajoux, saint
Hilaire, enclaves de la Paroisse de Mavieres ; sçavoir Pubert, Durnet, les Bordes & Charneville,
l'Abbaye de la Colombe, Chasteau Guillaume,
Leignac, Leillet, les Villages de la Paroisse de Prissac; sçavoir Charmeu, Lalleu, Chambers, le haut
& le bas Montgenoux, la Garenne, la grande Roche, Chiroüet, la Rochecheyreuse, & la Garde
Giron.

Dépost de S. Benoist du Sault.

Saint Benoist du Sault, Roussine, Sacierge, Par-
nac, Moüet & Chasteau de Rodes, l'enclave de
Bonu, La Chatre au Vicomté, les Chezeaux saint
Georges des Landes, Beaulieu, Prissac Voüet,
Chaillac & enclaves, Dunet, Azerables, la Mestai-
rie du Bos & Chasteau de Brosse, & les autres Me-
stairies de Bonneüil jusqu'à la Fontaine du Lattier,
les Villages dependans de la Paroisse de Cromas,
jusqu'aux limites reglées, le Bourg de Hors.

Dépost de Dung le Palteau.

Dung le Palteau, Eguzon, Chantosme, saint Se-
bastien, la Chapelle Bariou, Bazelas, Lafa, Maison
fine, Fresselines, Lourdoy, saint Michel, saint Plan-
taire, Cluziou, Orsaine, Monchevrier, Nouzerolles,
Seignac, saint Germain Colondasne, Villars, saint
Sulpice le Quertois, Mesne.

Depost de saint Vaury.

S. Vaury, Bussiere Dunoise, saint Sulpice le Du-
nois, Anham Champsanglart, Han, Nonziere,

Bosna , Mouſtier Malar , Linars , Morteroux Ai-
guerant, Celle Dunoiſe , ſaint Pierre du Tourdoir-
Chambon , ſainte Croix , Malvar , Cheſnier & la
Foreſt du Temple.

Depoſt de Gueret.

La Ville de Gueret, Joüillat , Roche , Chaſteleu,
ſaint Dizier ſous Chaſteleu , Genoüillat , Clugnac,
Jaleſche, Ladapaire , Cligny , ſainte Fere , ſaint Lau-
rens , Maiſonniere , ſaint Sulpice le Guertois , ſaint
Fiel , ſaint Leger , Jernage , Domerot, Remonday,
Blaudet , Perlat , les Forges , Gouzongnat , Creſſat,
Vigeville , Pionnat , Agen.

Depoſt d'Ahun.

La Ville d'Ahun , le Bourg & Paroiſſe de Mouthier d'Ahun , Iſſoudun , ſaint Medard & toutes
les Paroiſſes, Hameaux & Collectes en dependans,
Puymaſſignat , ſaint Domet , la Cros aux Baux,
ſaint Pardoux les Rats , Mazeras , la Ville & Paroiſſe de Chenerailles , Peirat , ſaint Chabrais , ſaint
Jullien , ſaint Dizier , ſaint Ouſtrille , Peirouze, Pier-
refite ſaint Loup.

Depoſt d'Aubuſſon.

La Ville d'Aubuſſon , Champagnat , la Chauſſa-
de , Bellegarde ſaint Martial le Mont , la Rochet-
te , ſaint Mexant.

Depoſt d'Auzence.

Ville d'Auzence, Rongnat , Buſſiere Nouvelle,
le Bourg & Paroiſſe de Meinſac , Buſſiere-Vicille,
la Cerre , ſaint Prié , le Sauchet , le Tronc , Tardes,
Sanat , ſaint Pardoux le Pauvre , Fayolle, Reterre,

Fontaniere, Charron, Chafteing, Arfeüil, les Portes.

Depoft de Chambon.

Ville & Paroiffe de Chambon, faint Sornin, Luf-
fac, la Chapelle, Lefpau, Auge, Vernaige, Bort,
Bornet, Soufmans, Noüan, Mats de Lage, Vir-
fac, Combraille, fainte Radegonde, le Chaftelet.

Depoft d'Evahon.

Ville & Paroiffe d'Evahon, faint Julien, Maze-
ras-en-Combraille, Antrefgue, Niverolles, la Garde, Marcillat en Guyenne, Chamouchat, Chafteau-
furcher, Salvere.

Depoft de Montegu.

Ville & Fauxbourgs de Montegu, Youx, les
Franchifes dudit Montegu, la Croizille, Ars, Mont-
ceaux, Durda delà les Bois, Coulombiers, Cornaf-
fa, les Guillaumets, Peirouze, Bufliere fous Montegu, faint Eloy.

Depoft de Pionfat.

Bourg & Paroiffe de Pionfat, la Bare, Flamon-
tel, Virlet, le Quartier, la Celcte, faint Magnet,
faint Hillaire, faint Maurice.

Depoft de faint Gervais.

Le Bourg & Paroiffe de faint Gervais, Efpinaffe,
Vergeat, Rochedagou, Bufliere fous Rochedagou, faint Jullien, Goutiere, Teillet, fainte Chri-
ftine, Liffeüilles, Blot l'Eglife, faint Angel, Mau-
zat, faint Georges du Mont, Cueille, Befferve,
Bioulet, Chambonnet, faint Cirque, Ayat.

Depost de Menat.

La Paroiſſe de neuf Egliſe & Bourg de Menat, Morcüil, Durmignat Eſchaſſiere, Servant, Chauvigny, ſaint Jal, Pouzol.

Depoſt d'Ebreüille.

Ville & Paroiſſe d'Ebreüille, & ſaint Quantin.

Depoſt de Combronde.

Le Bourg & Paroiſſe de Combronde, ſaint Remy, la Villate en ſaint Pardoux, Marcillat, ſaint Hillaire Lac Roüy, Charbonniere les Vieies, Teillede, Louberat, Charbonniers les Varennes Pronſac, ſaint Jullien, ſainte Flamine, Perſignat, Chazelle les Hoſtes, Aubiat, Arthonne, ſaint Myon, Vandon, Jumeau.

Depoſt de Riom.

La Ville & Paroiſſe de Riom, le Bourg & Paroiſſe de Marſat, ſaint Genez, Volvic, ſaint Jean-Danval, Chaſtelguion, Mauſat, ſaint Bonnet de-Riom, la Tourette, Cellcules, Varennes, les Marthes de Morge, Clerlande, Champeroux, Enezat, Ville-neuve Poulerande, Meneſtrol.

Dépoſt d'Aigueperce.

Ville & Paroiſſe d'Aigueperce, Montpenſier, Bicon, Glenat, ſaint Prié, Vanſat, Chatuzat, ſaint Genez, Charmes, Lionnes, Eſcurolles, le Mayet, d'Ecole, Brouſt, ſaint Pons, Eſpinaſſe, Congnat, le Joüanner, Veſſe, Auterive, Brugeat, Serbannes, Pragoulin, ſaint Silveſtre, Villeneuve ſous Randan, ſaint Clement, Chaſſinet, Buſſiere d'Effiat, Prung, Aulliat, Bas, Leizat, Effiat, Denone, Biouzat.

Dépoſt

Dépoſt de Maringues.

La Ville & Paroiſſe de Maringues, ſaint Ignat , ſaint André, Turet, ſaint Dony, Beaumont, Juſſat, Randan , ſaint Prié, Monts , Limonts, Vinzelle, Boüillon, les Marthes d'harthieres, Cueillat, Joze, Baſſinet, Teſſonniere, ſaint Laure, Crevant, Vialle, Luzillat, Antreſgue.

Dépoſt de Lezoux & Thiers.

La Ville & Paroiſſe de Lezoux, le Mouthier de Thiers, ſaint Jean d'Heur, Peſchadoüaire, Orleac, Dorat, Noüaillat, Paliere, fagomernat, ſaint Remy, Celle , Volore, Eſcoutoux, Neronde.

Dépoſt de Rys.

Le Bourg & Paroiſſe de Rys, ſaint Alire , Puy-Guillaume , petit Mariole , ſaint Your, Buſſet, la Chapelle, Arronne, la Prune, la Chau ſur Ris.

Dépoſt de Cuſſet.

La Ville & Paroiſſe de Cuſſet , Cruſier le vieil, Billiers d'Arbonniere , Charguerot , Moles , Vernet, Abret.

Dépoſt de ſaint Pourçain.

Ville & Paroiſſe de ſaint Pourçain, Venteüil , la Rochebranſat, la Pheline, Louchy, Montor, Soüites, Chareil, Martilly, Neriguet, Bayet, Loriges, Paray, Palüet, Contant, Neüilly, le Real.

IV.

Les Dépots ſeront fermez à deux ſerrures ſous deux clefs differentes , dont l'une ſera miſe entre les mains du Commis, & l'autre en celles du Particulier qui ſera éleu par les habitans à la pluralité des voix dans une Assemblée generale , ou nommé d'office par les Juges des Dépôts à leur refus , aprés une simple sommation qui aura esté faite aux habitans , à la diligence du Commis.

V.

Défendons à ceux qui demeurent dans l'étenduë des Paroisses sujettes aux Dépôts, Marchands ou autres , d'avoir dans leurs maisons plus de sel que ce qui leur est necessaire pour la provision de leur famille pendant six mois , à raison d'un minot par an pour sept personnes , tant pour le pot & la saliere que pour les grosses salaisons , à peine de confiscation de ce qui excedera , & de deux cens livres d'amende.

V I.

Leur défendons aussi & à tous autres de faire aucun amas de sel dans l'étenduë des mêmes Paroisses, à peine de confiscation du sel , & de cent cinquante livres d'amende pour la premiere fois , & en cas de recidive , d'estre punis comme faux-Sauniers.

V I I.

Pourront nos Sujets , autres toutesfois que ceux qui sont domiciliez en nos pays de Gabelle , amener du sel en telle quantité que bon leur semblera dans les Dépôts, pourveu qu'auparavant ils ayent fait inscrire leur nom & leur demeure au Greffe du Dépôt, dans lequel ils entendent mettre le sel, & qu'ils ayent pris du Commis du Dépôt des Passavans qui contiendront le lieu de leur demeure , le nom des marais ou salorges , où ils prendront la quantité qu'ils leveront, & le temps dans lequel ils le feront arriver au Dépost, à peine de confiscation du sel & de l'équipage servant à la voiture, & de cent cinquante livres d'amende pour la premiere fois, & en cas de recidive d'estre punis comme faux-Sauniers.

VIII.

Sera le sel voituré par les grands chemins entre deux soleils & conduit à droiture dans le Dépost où le Marchand aura pris le Passavant, à peine de confiscation & amende comme dessus.

IX.

Enjoignons aux Commis de tenir bon & fidele registre des passavans, & de le décharger à mesure que le sel sera amené dans les Déposts, de mettre leur certificat au bas des Passavans, contenant la quantité du sel que les Marchands auront dans le Dépost, & de le décharger pareillement à mesure que le sel sera retiré pour estre vendu, à peine de tous dépens, dommages & interests des parties, & de punition exemplaire.

X.

Les Déposts seront ouverts tous les jours de marchez; Sçavoir, depuis le premier Mars jusqu'au premier Octobre, à six heures du matin jusques à midy, & à deux heures de relevée jusqu'à sept heures du soir & depuis le premier Octobre jusqu'au premier Mars à sept heures du matin jusqu'à midy, & à deux heures de relevée jusques à quatre heures du soir, pendant lequel temps le sel sera tiré des Dépots par les Marchands, & par eux expofé en vente dans le Marché en la maniere accoûtumée.

XI.

Dans les lieux où il n'y a point de marchez ordinaires, les jours, heures & places feront reglées avec les habitans & les Commis, par les Juges des Dépofts.

XII.

Voulons pour la commodité des artifans & du menu peuple, que les Dépofts foient encore ouverts les Dimanches & Fêtes, autres que les quatre Solennelles, & celle du Patron, en quelque temps que ce foit, depuis fept heures du matin jufques à neuf heures, & depuis midy jufques à deux heures de relevée, pour eftre le fel vendu par les Marchands à la porte du Dépoft feulement.

XIII.

Le furplus du fel non vendu fera rapporté & renfermé dans les Dépofts, fous les clefs des habitans & du Commis qui en fera mention fur fon regiftre, & au bas des Certificats par luy délivrez aux Marchands.

XIV.

Défendons à nos Sujets de quelque qualité qu'ils foient, tout autre commerce de fel dans l'étenduë des Dépofts, à peine de faux faunage.

XV.

Ne pourra le fel eftre enlevé par ceux qui l'auront achepté, que fur les billets du Commis, à peine de confifcation du fel, chevaux, harnois, & de cent

cin-

cinquante livres d'amende pour la premiere fois, &
en cas de recidive feront les contrevenans punis
comme faux-Sauniers.

X V I.

Ceux de nos pays de Gabelle qui transfereront
leur domicile dans l'étenduë des Paroiffes fujettes
aux Dépofts, ne pourront achepter aucun fel dans
les Dépofts qu'ils n'y ayent demeuré par an & jour,
à compter du jour de la declaration qu'ils en auront
faite au Greffe des Dépofts; & cependant feront tenus de prendre leur fel au Grenier de leur dernier domicile, à peine de reftitution de nos droits de Gabelle, & de cent livres d'amende.

X V I I.

Les Collecteurs des Tailles des Paroiffes fujettes
aux Dépofts, feront tenus à peine de quarante livres
d'amende, de délivrer au plus tard dans le mois de
Fevrier de chacune année au Commis du Dépoft
une copie de leur rôlle, aû bas de laquelle ils mettront un chapitre des habitans qui demeurent dans
les endroits des mémes Paroiffes qui ne font point
fujets au Dépoft, & qui font du reffort de nos Greniers.

X V I I I.

Nos Sujets demeurans dans l'étenduë des Dépofts
qui voudront achepter du fel plus avant dans nos
pays redimez, & dans les Dépofts qui font plus pro-
ches des falines que celuy où ils ont leur domicile,
feront tenus de prendre un Paffavant du Commis au
Dépoft de leur demeure, contenant la quantité du
fel, qui ne pourra exceder leur provifion pour fix

mois, le lieu de l'achapt & le temps dans lequel ils entendent le faire arriver, à peine de confiscation & de cinq cent livres d'amende pour la premiere fois, & en cas de recidive d'estre punis comme faux-Sauniers.

XIX.

Sera tenu regiftre par les Commis des Billets & Paffavans qui feront par eux délivrez aux Particuliers pour l'achapt du fel, fous les peines portées par l'article neuf.

XX.

Les paffavans, certificats, décharges & billets, feront expediez & délivrez fans frais par les Commis, à peine de concuffion.

XXI.

Ne vaudront les paffavans & billets que pour le temps qui s'y trouvera prefcrit.

XXII.

Le fel achepté dans le Dépoft du domicile, ou dans un autre Dépoft plus avancé, ou dans les pays redimez hors l'eftenduë des Dépots, fera conduit de jour & à droiture au domicile de l'acheteur, à peine de confifcation & d'amende, felon la quantité du fel, & fi le fel eft trouvé au delà du domicile du côté de nos pays de Gabelle, le procés fera fait à l'achepteur & à fes complices, comme à des faux-Sauniers.

XXIII.

Maintenons nos Sujets de noftre Province de Bretagne dans l'exemption de nos droits de Gabelle, leur défendons de faire aucun amas de fel dans

lés Paroiſſes voiſines de deux lieuës des derniers Villages ou Hameaux de nos Provinces de Normandie,
Maine & Anjou & au delà de ce qui eſt neceſſaire
aux Habitans pour leur uſage & conſommation de
leur maiſon pour ſix mois, à raiſon d'un minot du
poids de cent livres de marc pour ſept perſonnes par
chacun an, excepté les villes de Dol, Fougeres, Vi-
tré, la Guerche, Chaſteaubriant, Ancenis & Cliſſon,
dans leſquelles neanmoins le ſel ne pourra eſtre
vendu que ſous la halle aux jours & heures de marché aux domiciliez de la Province, & pour leur proviſion ſeulement comme deſſus; défendons à tous
Marchands & autres d'en vendre & debiter autrement, à peine de confiſcation du ſel, & de cinq cent
livres d'amende pour la premiere fois, de cinq ans
de galeres pour la ſeconde à l'égard des hommes;
& pour les femmes du foüet & du banniſſement à
perpetuité de la Province.

XXIV.

Défendons auſſi à tous Hoſteliers, Cabaretiers,
& autres perſonnes de donner retraite aux faux-
Sauniers & gens attroupez, venans de nos Provinces de Normandie, Maine & Anjou, pour prendre
du ſel en celle de Bretagne, ſous pareilles peines, & de
demeurer reſponſables en leurs noms des condamnations pecuniaires, qui ſeront renduës contre les
faux-ſauniers; &en cas qu'ils veüillent entrer & loger
par force en leurs maiſons, leur enjoignons ſous les
mêmes peines de rendre leurs plaintes pardevant les
Juges des lieux dans les vingt-quatre heures, & d'en

faire informer ; Enjoignons auſſi à tous Officiers &
habitans de courir ſur les faux-Sauniers & gens
attroupez comme deſſus, les arreſter avec leur ſel &
équipage, & de les repreſenter en Juſtice, pour eſtre
le tiers des confiſcations qui ſeront ordonnées, ad-
jugé à ceux qui les auront repreſentez.

XXV.

Maintenons auſſi nos Sujets de noſtre pays d'Ar-
tois dans le privilege d'uſer de ſel gris & de ſel
blanc indifferemment en leurs groſſes & menuës ſalaiſons, à la charge qu'il ne ſera fait aucun amas de
ſel au delà de ce qui eſt neceſſaire aux habitans pour
leur uſage & dépenſe de leur maiſon pour ſix mois,
à raiſon d'un minot du poids de cent livres de marc
pour ſept perſonnes par chacun an, dans les Paroiſſes de Hauricourt, Treſeau, Villers, Plovich, Go-
zeaucourt, Graincourt, Bourchy, Bethencourt,
Benicourt, Doigny, Hermy, Beaumetz-les-Cam-
breſts, Beugin, Vellû, Morval, Riaucourt-lez-Ba-
paume, Mezenconture, Neuville, Bourjouval,
Perie-cy-devant-Projaſtre, Vaux, Beugnaſtre, Fre-
micourt, Biencourt, Cappy, Happlincourt, Bans,
Favereulles, Reaucourt, Bienvillers, Saint Aubin-
lez-Bapaume, Lauverval, Combles, Avennes-lez-
Bapaume, Bargues, Baulencourt, le Traiſnoy, Roc-
quigny, Leſbeuf, Bienvilliers-aux-bois, Grevillers,
Braines, Ligny, Walincourt, Martin-Puich, Cour-
celetes, le Jaret, Beaurepaire, Achiez le petit, A-
chiez le grand, Eſſars, Bucquoy, Amblinzeüil, Pui-
zeux, Aumont, Miraumont, Bazecque, Baillou,
Goüy.

Goüy-en-Artois , Baillo culval , Baillo culmont, Moufchy au Bois , Humberkam, Gemicourt, Hebuterne, Fronquillers , Sailly au Bois , le Roffignol, Bazaucourt , Sovaftre , faint Amand , la Herliere, Souly, Gombermetz, Bavincourt, Beaufort, Blavincourt , Warluzet, Coullemont , Coufturel , Warlincourt, Pas, Heurtebize-lez Pas , Avefnes le Comte Sombrun , Soucamp , Mondricourt , Beaudricourt-fur-Canche , Henû , Couvin, Tiefurres, Terraminil, Sarton , Orville , Ampliers , Gaudiempré, Juregny, Granicourt lez Pas , fur Saint , Loyer , Cauron , Denier , Liancourt , Bettencourt , Wamin-fur-Canche, Rebreviette, Frenench, Rebreuve-fur-Canche, Sovich , Bourecq fur Canche , Beauvoir lez Cenfes, Canteleux , Ligny fur Canche , Couchy , Rollepot, Famechon, Froüen , Mainferme, Villers, l'Hôpital, Bonnieres, Boffles , Fortel , Beauvoir fur Anty Wanant , Nœux , Buires au bois, Rougefay, Bachimont, Mauver , Harauvefnes , Belleville, Auxy , le Château , Pouchel , le Planty , Waux , Montorgüeil, Gennes , Juregny fur Anty , Caumont, Fontaine-Létalon , Hergines , Mezerolles , la Broy, Tolent, Hautevillers prez Tolent , Chaiciennes , Cocquizart, Abouval , Quefnoy, Crembaucourt, Warquerich lez Fortel, faint Auftreberte, Capelle , Brevilles, Barling, Prigny , Batinet , Rapey, Montchaux, Regnauville, Fondeval, Rays , Biencourt , Tresfontaine, Mourietz , Meulans , Douriects, faint Joffe , Lambuffe, Lucheux , Leauroix, Hautemefnil, Plumoifon, Bovin, Aubin, Eu, Beaurains, Goüylez, faint

y

André , saint Remy , Campagne , Erquenicourt , Ruquebourg, Marefquel, Beaurains Chafteau, Beaurainville , Liaule , Maraules , Maraut, Saindeurenettes , Plovich, Office, Roifon, Hemon, Aix en Iffard, Cercamps, Cericourt, Sibeville, Montrond, Nuncq, Hautefcol , Mouchy, Efcouaure-lez-Hautectoque , Fillieures, le Hamel, Gatametz, Vicailles , Valentin , faint Georges , Vieilhefdin, Wilmant , Valiers, Cepars , Marcouelles , Grigny, faint Leu, Guify, Maronnes , Daumartin & faint André , à peine contre les contrevenans de confifcation du fel, & de cinq cent livres d'amende pour la premiere fois , de cinq ans de Galeres pour la feconde , à l'égard des hommes ; & pour les femmes de foüet, & de banniffement à perpetuité de la Province.

XXVI.

Défendons aux Commis , Capitaines, Gardes & Archers prépofez par l'Adjudicataire, de faire aucunes recherches & vifites, dans les Villes, Bourgs, Villages & lieux, autres que ceux cy-deffus fpecifiez, à peine de punition corporelle : pourra neanmoins l'Adjudicataire établir des Gardes aux portes des Villes de Hefdin & de Bapaume, pour obferver les enlevemens du fel en la maniere accoûtumée.

XXVII.

Seront les contraventions jugées par les Juges qui feront commis & choifis par nous d'entre les Graduez du pays, conformement à nos Ordonnances, ainfi qu'il fe pratique en nos Greniers à fel, à la charge de l'appel qui fera relevé en nôtre Cour des Aydes de Paris.

XXVIII.

Maintenons auſſi nos Sujets du Duché de Re-
thelois Mazarini dans toutes leurs franchiſes, à la
charge qu'ils prendront leur ſel aux Magazins établis à Rethel pour les Prevoſtez de Rethel, du Cha-
ſtelet & du Bourg; à Donchery pour les Prevoſtez
de Donchery, Daumont & de Brioule; & à Mezieres pour les Prevoſtez de Mezieres & Warck; & ne
pourront les Magazins eſtre fournis que de ſel blanc
dont nous avons fixé le prix ſur le pied de trente
deniers la livre du poids de ſeize onces au Magazin
de Rethel, vingt-quatre deniers en celuy de Mezieres, & vingt ſix deniers en celuy de Donchery.

XXIX.

Seront les Eſchevins & Syndics tenus de faire des
rolles par chacun an des Habitans des Paroiſſes,
contenans le nombre des perſonnes de chaque famille, qui ſeront mis entre les mains du Commis
de l'Adjudicataire, & de nommer un d'entre-eux
pour lever le ſel neceſſaire pour le pot & ſaliere
pendant un mois, & pour les groſſes ſalaiſons de
l'année, & le diſtribuer aux autres Habitans.

XXX.

Les Habitans des Paroiſſes demeureront reſponſables des diſtributeurs qu'ils auront nommez, & ſera
le ſel fourny par les diſtributeurs aux particuliers
Habitans des Paroiſſes au meſme prix qu'il leur aura
eſté délivré.

XXXI.

Ne pourront les revendeurs à petites meſures

eftre établis que dans les villes de Rethel, Donchery & Mezieres, ny vendre du fel chacune fois plus
de deux livres, dont ils tiendront regiftre, qu'ils
rapporteront de mois en mois au Commis de l'Adjudicataire.

XXXII.

Leur défendons de prendre plus de deux deniers
d'augmentation pour chacune livre de fel, à peine
de punition corporelle.

XXXIII.

Défendons auffi aux Habitans du Duché de Rethe-
lois Mazarini, & à tous autres d'y faire trafic de fel
blanc, ny d'ufer d'aucun fel gris, à peine de faux-
Saunage.

TITRE DIX-SEPTIE'ME.

Du faux-Saunage.

ARTICLE PREMIER.

DEclarons faux fel dans toute l'étenduë de nô-
ftre Royaume, Pays, Terres & Seigneuries
de nôtre obeïffance, le fel venu des pays étrangers
fans nôtre permiffion par écrit, duquel nous défendons le commerce, à peine des Galeres perpetuelles.

II.

Déclarons auffi faux fel dans l'étenduë de nôtre
Ferme generale des Gabelles, le fel de nôtre Royaume qui aura efté pris ailleurs que dans nos Greniers, ou aux Regrats.   III.

I I I.

Voulons que ceux qui s'en trouveront saisis ou qui feront convaincus d'en faire trafic, foient condamnez, fçavoir les faux-Sauniers attroupez avec armes, aux Galeres pour neuf ans, & en cinq cent livres d'amende, & en cas de recidive, pendus & étranglez ; les faux-Sauniers fans armes avec chevaux, harnois, charrettes, ou bateaux condamnez pour la premiere fois en trois cent livres d'amende, & en cas de recidive, aux Galeres pour neuf ans, & quatre cent livres d'amende ; & les faux-Sauniers à porte col fans arme, condamnez pour la premiere fois en deux cent livres d'amende, & en cas de recidive aux Galeres pour fix ans, & trois cent livres d'amende.

I V.

Chacun des coupables fera condamné en l'amende portée par l'Article précedent, & feront les complices d'un mefme fait tenus folidairement de toutes les amendes comprifes dans une mefme condamnation.

V.

Les femmes & les filles coupables de faux-Saunage feront condamnées pour la premiere fois en cent livres d'amende, pour la feconde au foüet & trois cent livres d'amende, & en cas de recidive feront outre les peines cy-deffus bannies à perpetuité de noftre Royaume.

V I.

Les peres & meres feront refponfables civile-

ment & solidairement de leurs enfans mineurs demeurans avec eux & non mariez qui feront le faux-
Saunage, & l'hypoteque pour les amendes & reftitutions de nos droits de Gabelle aura lieu en ce
cas fur leurs biens du jour de la condamnation ren-
duë contre leurs enfans.

V I I.

La peine des Galeres prononcée contre ceux qui
fe trouveront incapables de nous y fervir fera convertie, fçavoir celle des Galeres pour fix ans en
celle du foüet & de la flétriffeure, celle des Galeres pour neuf ans, auffi en celle du foüet, flétriffeure, & de plus au banniffement perpetuel de noftre Royaume, leur enjoignons de garder leur ban
à peine de la vie.

V I I I.

Si les condamnez ne payent l'amende dans le
mois du jour de la prononciation de la Sentence,
elle fera convertie, fçavoir celle de deux cent livres en la peine du foüet, celle de trois cent livres
à l'égard des hommes en la peine des Galeres pour
trois ans, & à l'égard des femmes & filles en un
banniffement pour cinq ans du reffort du Grenier où
elles auront fait le faux-Saunage, de celuy de leur
domicile, & de celuy de noftre bonne Ville de Paris.

I X.

Ceux qui feront infuffifans de payer l'amende &
incapables en mefme temps de nous fervir dans
nos Galeres feront fuftigez, flétris & bannis à perpetuité de noftre Royaume.

X.

Les Commis, Capitaines, Gardes & Archers de nos Gabelles & autres prépofez par l'Adjudicataire qui feront convaincus d'avoir fait le faux-Saunage, ou d'y avoir participé en quelque maniere que ce foit, feront punis de mort.

X I.

Défendons aux Officiers de nos Greniers & des dépofts de faire aucun commerce de Sel à peine de la vie, ny de colluder avec les faux-Sauniers à peine de confifcation de leurs Offices & d'eftre declarez incapables d'en tenir à l'avenir.

X I I.

Les Officiers de nos Greniers à Sel & les Juges des dépofts connoiftront chacun dans leur reffort du faux-Saunage qui y aura efté Commis par les Ecclefiaftiques : Voulons qu'au payement des amendes aufquelles ils feront condamnez, ils foient contrains par corps & par faifie de leur temporel.

X I I I.

Declarons les Nobles qui feront affez lafches pour commettre le mefme crime décheus eux & leur pofterité des avantages de la Nobleffe ; Voulons qu'ils foient privez de leurs charges, & que leurs maifons qui auront fervy de retraite aux faux-Sauniers foient rasées.

X I V.

Défendons à tous nos fujets de retirer dans leurs maifons les faux-Sauniers, leur Sel & leur équipage, & de leur adminiftrer aucuns vivres, à peine de complicité.

X V.

Défendons sous la mesme peine à tous les Fermiers des Ponts & passages, Meusniers, Lavandiers & autres ayant Bacqs & Bateaux sur les Rivieres de passer ou laisser passer les faux-Sauniers; Voulons à cet effet que les Bacqs & Bateaux soient attachez la nuit à chaisne de fer & serrures fermans à clefs, du côté des Paroisses de nos Greniers, à peine de confiscation & de trois cent livres d'amende.

X V I.

Declarons ceux qui acheptent le Sel des faux-Sauniers pour le revendre, sujets aux mesmes peines que les faux-Sauniers; Voulons que ceux, qui l'acheptent pour leur usage seulement, soient condamnez pour la premiere fois en deux cent livres d'amende, pour la seconde fois cinq cent livres, pour la troisiéme fois mil livres, & ainsi à proportion en cas de recidive.

X V I I.

Declarons tous Juges, tous Officiers, mesme toutes personnes, quoy que privées, competentes pour la Capture des faux-Sauniers, portans, conduisans, debitans ou resserrans leur Sel sans qu'il soit besoin de Decret ny de Commission, à la charge qu'ils feront incessamment conduits avec leur Sel & équipage devant les Officiers de nos Greniers.

X V I I I.

Ne sera fait aucune poursuite contre ceux qui auront tué des faux-Sauniers en resistant; imposons silençe, filence en ce cas à tous nos Procureurs.

XIX.

Le procés verbal figné de deux Gardes, & par eux affirmé veritable fur lequel ils feront repetez devant l'un de nos Officiers des Greniers à Sel, & l'interrogatoire des accufez fur ce qui y eft contenu, fans fignification de faits & articles fuffiront fans autres procedures pour les condamnations pecuniaires.

XX.

Voulons neanmoins, à l'égard des perfonnes domiciliées dans la maifon defquelles aura efté trouvé du faux-Sel pour leur ufage, outre le procés verbal qu'il foit pris des échantillons du Sel, qui feront mis en deux enveloppes & cachetée chacune du fceau du Commis ou des Gardes, dont l'une fera laiffée au maiftre de la maifon, & l'autre emportée par les Gardes, dont ils feront mention dans leur procés verbal, en vertu duquel feront les particuliers affignez à comparoir en perfonne, pour eftre l'échantillon par eux rapporté & vifité par Experts, & fur le tout aprés leur interrogatoire eftre ordonné ce que de raifon.

XXI.

Les condamnations portant peine afflictive ne pourront intervenir qu'aprés une inftruction entiere par audition de Témoins, recollement & confrontation, comme dans les autres crimes; N'entendons toutefois comprendre au prefent Article, les converfions qui fe font de droit, en vertu des Prefentes, des condamnations pecuniaires en peines corporelles; Voulons qu'elles foient declarées par nos Juges fur une fimple Requefte fans nouvelle inftruction.   XXII.

Declarons le témoignage de deux Gardes conformes dans la repetition & confrontation qui en fera faite, fuffifant pour la conviction des accufez, fauf les reproches procedans d'ailleurs que de leur qualité de Gardes.

XXIII.

Le tiers des amendes & des biens confifquez autres que le Sel fera baillé au dénonciateur, & au lieu du Sel qui fera mis dans nos Greniers, luy feront baillez vingt fols pour minot.

XXIV.

Enjoignons à nos Juges de prononcer les Sentences dans les vingt-quatre heures, à peine de refpondre en leurs propres & privez noms de toutes les fommes aufquelles les condamnations fe trouveront monter.   XXV.

L'Appel des Affignations perfonnelles qui feront données à fin civile, des permiffions d'informer, Decrets, Ordonnance & autres inftructions, n'en pourra empefcher ou retarder l'execution; Défendons à nos Cours des Aydes de donner aucun Arreft de défenfe ou de furfeance, fans voir les charges & informations, & fans conclufions de nos Procureurs Generaux.

XXVI.

Ne fera reçeu l'Appel des Sentences definitives,

mefmes de celles qui porteront peine afflictive, que les fommes aufquelles monteront les condamnations, tant pour les amendes, que pour les reftitutions de nos droits de Gabelle n'ayent efté actuellement confignées entre les mains du Commis de l'Adjudicataire, fur lefquelles confignations feront pris les frais de la conduite des condamnez.

X X V I I.

Les Sentences, foit qu'il y en ait Appel ou non, pafferont en force de chofe jugée, & feront pleinement executées, fi les fommes ne font payées, ou confignées dans le mois, du jour de la prononciation.

X X V I I I.

Défendons à peine de Faux-faunage, tout ufage, & commerce du fel de Salpeftre & Verrerie : Voulons qu'il foit jetté comme immonde ; Permettons à cet effet aux Officiers de nos Greniers, & de nos Gabelles, toutes vifites & recherches dans les maifons de ceux qui y travaillent.

X X I X.

Défendons auffi à tous Marchands, Maiftres de Navires & autres, de faire venir, tranfporter, ou vendre du Natron dans l'étenduë de noftre Ferme des Gabelles, ny aux Havres, Ports & Quays des coftes de nos Provinces de Poictou, Bretagne, Normandie & Picardie, à peine de confifcation, & de quinze cent livres d'amende contre chacun des contrevenans.

X X X.

Leur enioignons fous les mefmes peines, lors

qu'ils feront obligez de relâcher dans les Ports de nos Provinces fujettes à nos droits de Gabelle aucuns vaiffeaux chargez de fel, d'aller incontinent aprés leur arrivée au plus prochain Grenier faire declaration de la quantité contenuë en leurs vaiffeaux, & de reprefenter à nos Officiers leur Chartepartie, dont ils prendront acte, qui leur fera délivré fans frais.

TITRE DIX-HUITIE'ME.

Des Officiers établis pour la Iurifdiction des Gabelles.

ARTICLE PREMIER.

LEs Officiers de nos Greniers & des dépofts connoiftront en premiere Inftance, & à la charge de l'appel chacun à fon égard de ce qui concerne l'execution de noftre prefente Ordonnance, & des contraventions qui y pourroient eftre faites dans l'étenduë de leur reffort.

II.

Voulons qu'ils connoiffent en dernier reffort, tant en principal que dépens, de la reftitution de nos droits de Gabelles jufques à un minot, & dix livres d'amende.

III.

Sera neanmoins recevable l'appel de nos Procureurs & des Commis de l'Adjudicataire, pourveu & non autrement, qu'ils ayent conclu fur les lieux

à une

à une plus grande amende ou reſtitution.

I V.

Voûlons auſſi qu'ils connoiſſent en dernier reſſort, tant en principal que dépens, des oppoſitions
en ſurtaux quand l'oppoſant n'aura eſté impoſé qu'à
un quart de minot & au deſſous, & des demandes
intentées contre les Particuliers , à ce qu'ils ſoient
tenus de prendre du ſel par extraordinaire, lors que
la quantité du ſel n'excedera point le quart du minot.

V.

Ne ſeront receus les Preſidens , Lieutenans, Grenetiers , Controlleurs , nos Advocats & Procureurs
de nos Greniers à Sel & Juges des depoſts , qu'ils
n'ayent au moins l'âge de vingt-cinq ans accomplis.

V I.

Leur défendons à l'advenir de tenir aucun autre
Office de quelque qualité qu'il ſoit, de Nous ou des
Seigneurs particuliers, en titre ou par Commiſſion,
avec celuy dont ils ſeront pourveus, à peine de nullité des dernieres proviſions , & de mil livres d'a-
mende, nonobſtant toutes Lettres de compatibilité
que nous declarons ſubreptices ; Défendons à nos
Cours des Aydes d'y avoir aucun égard.

V I I.

Enjoignons ſous les meſmes peines à ceux qui en
ſont pourveus de s'en demettre dans ſix mois , à
compter du jour de la publication des preſentes.

V I I I.

Tiendront l'Audience au moins deux jours la ſemaine depuis neuf heures du matin juſques à midy,

& feront tenus de refider actuellement dans le lieu
où le Siege eft étably durant tout le temps de leur
exercice , à peine de privation de leurs gages, &
de mil livres d'amende.

I X.

Ne pourront nos Procureurs donner aucunes conclufions par écrit, foit preparatoires ou diffinitives
en matiere civile, que le procés n'ait efté communiqué au Commis de l'Adjudicataire, pour y prendre de fa part telles conclufions que bon luy femblera, à peine d'interdiction, & de pareille amende.

X.

Ne pourront auffi fous les mefmes peines en matiere criminelle, donner aucunes conclufions qu'ils
n'ayent fommé le Commis de declarer au moins
dans trois jours , s'il veut fe rendre partie ; & en
cas qu'il fe rende partie, les procés verbaux, inter-
rogatoires, & autres pieces non fecrettes luy feront
communiquées, pour y prendre fes conclufions.

X I.

Seront les Sentences portant condamnation de
peines afflictives renduës par trois Officiers au moins,
& fignées d'eux ; & en cas d'abfence d'aucun d'eux,
pourront eftre pris en leurs places des graduez ou
anciens Praticiens qui feront pareillement tenus de
les figner , le tout à peine de nullité , dommages
& interefts des parties & de mil livres d'amende.

X I I.

Ne fera tenu d'aucuns frais l'Adjudicataire lors
que luy ou fes Commis ne feront point parties.

XIII.

Les Greffiers ne pourront prendre autre salaire pour les expeditions qu'ils délivreront que trois sols pour chacun rolle de papier , & quinze sols pour chacun rolle de parchemin ; & seront les rolles remplis du nombre des lignes , mots & syllabes portées par nostre Ordonnance de mil six cent soixante-sept.

XIV.

Ne seront mises en parchemin autres Sentences que les diffinitives renduës sur veu de pieces.

XV.

Ne sera pris aucun salaire des expeditions qui seront délivrées à nos Procureurs , ou à nos autres Officiers pour nos affaires , à peine de restitution du quatruple.

XVI.

Sera tenu le Greffier sortant d'exercice de remettre entre les mains de son successeur les Registres, & tous autres Actes & pieces du Greffe dont sera dressé un Inventaire.

XVII.

Les veuves & heritiers des Greffiers ou Commis au Greffe decedez, demeureront responsables des Registres, Actes & autres pieces du Greffe, jusques à ce qu'ils les ayent remises ; & en cas de retention, voulons qu'ils soient contraints de les remettre incessamment par toutes voyes , mesme par corps : Enjoignons à nos Procureurs d'y tenir la main , à peine d'en répondre en leurs propres & privez noms.

XVIII.

Défendons à tous nos Officiers tant de nos Greniers à Sel que des Depofts, de prendre en payement de leurs falaires ou autrement aucun Sel en effence, à peine d'interdiction, & de quinze cent livres d'amende.

XIX.

Ne pourront tant les Commis de l'Adjudicataire que les Capitaines & Archers de nos Gabelles à peine de faux, exercer leurs Commiffions qu'elles n'ayent efté Regiftrées au Greffe du Grenier de leur exercice, & qu'ils n'ayent prefté le ferment pardevant les Officiers ; Et feront tenus les Archers de porter des Bandoüilleres chargées de nos armes.

XX.

L'Adjudicataire demeurera civilement refponfable des Commis & des Gardes dans l'exercice, & pour le fait de leurs Commiffions.

XXI.

Défendons aux Commis de l'Adjudicataire d'employer en leurs affaires particulieres, fous quelque pretexte que ce foit les deniers de leurs Receptes, à peine de concuffion, comme pour nos propres deniers.

XXII.

Défendons à tous les Officiers de nos Greniers, & des Depofts, & aux Fermiers des Regrats, de s'immifcer directement ou indirectement dans les Voitures du fel pour le fourniffement de nos Greniers & des Depofts, à peine d'interdiction & de

mil

mil livres d'amende à l'égard des Officiers , & de
punition corporelle à l'égard des Fermiers des Regrats.

X X I I I.

Faifons pareilles défenfes aux Commis de l'Adjudicataire fous peine auffi de punition corporelle,
s'il n'en a l'ordre par écrit de l'Adjudicataire.

TITRE DIX-NEUVIE'ME.

*De la Police generale des Gabelles, vifites & recherches
qui font faites par les Officiers , Commis & Gardes.*

ARTICLE PREMIER.

POurront les Officiers de nos Greniers à Sel,
& des dépofts ou l'un d'eux, encore qu'ils
n'en foient requis par nos Procureurs , ou par les
Commis de l'Adjudicataire, fe tranfporter quand
bon leur femblera dans les maifons des Ecclefia-
tiques , Nobles , Bourgeois & autres de leur reffort , & fe faire affifter de tel nombre de perfonnes qu'ils jugeront à propos pour y faire les recherches & vifites, dons ils drefferont leur procés verbal.

I I.

Permettons aux Commis de l'Adjudicataire chacun dans le reffort du Grenier ou dépoft où il a
prefté le ferment, les mefmes recherches & vifites, en fe faifant accompagner au moins d'un Gar-

de, ou de deux témoins qui seront tenus de signer le procés verbal avec le Commis, à peine de nullité.

III.

Défendons aux Capitaines, Archers & Gardes de nos Gabelles de faire aucunes visites dans les maisons des Ecclesiastiques, Nobles, & Bourgeois notables, qu'en vertu de la permission par écrit de l'un des Officiers de nos Greniers, ou des dépofts, si ce n'est en fait provisoire dans la poursuite des faux-Sauniers en flagrant delit, ou que l'avis leur fust donné estans à la campagne dans l'exercice actuel de leur Commission.

IV.

Les procés verbaux mesme ceux qui seront signez par deux Archers, ou d'un Archer & de deux témoins, seront creus jusqu'à inscription de faux, & seront portez aux Greffes des Greniers ou des dépofts, au plus tard trois jours aprés qu'ils auront esté faits, à peine de nullité.

V.

Seront tenus les Officiers de nos Greniers en exercice de faire leur visite generale au moins une fois l'an, dans le mois d'Octobre, chacun dans le lieu où le Grenier est étably, & dans la ban-lieuë; & quant aux Paroisses plus éloignées, les visites y seront faites par les Officiers hors d'exercice, selon le département qui en sera fait entr'eux par des lots qui seront jettez au sort.

VI.

Les frais de dépenſe qu'il leur conviendra faire dans leur viſite generale , leur ſeront payez par le Commis qui en ſera remboursé ſur les amendes & reſtitutions des droits de Gabelle.

VII.

Les viſites generales ſeront faites à la requeſte de l'Adjudicataire & diligence du Commis , & en cas de negligence ſeront tenus nos Procureurs à peine de radiation de leurs gages aprés une ſommation faite au Commis, d'en faire les pourſuites & les frais, auquel cas les amendes & reſtitutions de nos droits de Gabelle nous appartiendront, ſur leſquelles neanmoins , ſeront les frais qui auront eſté faits prealablement déduits & rembour-ſez.

VIII.

Les Officiers dans le cours de leur viſite , feront aſſigner les Particuliers pardevant eux pour repreſenter les billets du Sel qu'ils ont levé, & de declarer les groſſes ſalaiſons qu'ils ont faites, & l'eſtat de leur famille; ſurquoy ils ſeront interrogez ſommairement ſans aucuns faits & articles , & de tout ce que deſſus ſera dreſſé procés verbal par l'Officier qui fera la chevauchée, pour eſtre apporté aux Officiers en Exercice , & Jugé par eux ſommairement ſans aucune procedure.

XI.

Ne pourront les condamnations de reſtitutions de nos droits de Gabelles , amendes & dépens , exceder le quart de la fomme à laquelle le Particulier condamné aura efté impofé au Rolle des Tailles, s'il n'y a du delit.

TITRE VINGTIE'M E.

Des confifcations , amendes & reftitutions des droits de Gabelle.

ARTICLE PREMIER.

Voulons que les confifcations, amendes & reftitutions des droits de Gabelle, appartiennent à l'Adjudicataire, encore que les confifcations & amendes procedent de delit commis hors l'eftenduë de la Ferme.

I I.

Seront tenus les Officiers de nos Greniers & des Depofts & les Commis de l'Adjudicataire, de faire une maffe feparée du Sel confifqué, & de s'en charger fur leur Regiftre, enfemble des autres confifcations, amendes & reftitutions adjugées, à peine de malverfation, dépens, dommages & interefts des Parties.

III.

Enjoignons aux Officiers & Commis de faire vendre inceffamment & nonobftant l'appel, les chofes confifquées de quelque qualité qu'elles foient, autres que le fel, pour les deniers en provenans avec ceux des amendes & des reftitutions des droits de Gabelle,

Gabelle , estre mis entre les mains des Commis, & en estre par eux rendu compte à l'Adjudicataire, leur défendons d'en disposer autrement, à peine de concussion.

IV.

Voulons qu'au payement des amendes au dessus de dix livres & des restitutions des droits de Gabelle au dessus d'un minot, les condamnez puissent estre contraints par corps , nonobstant oppositions, & appellations quelconques, & sans y prejudicier.

V.

Permettons de saisir d'abord avec le faux sel les chevaux , harnois , équipages & marchandises , qui auront servy à le cacher ; Défendons de saisir avant la condamnation d'autres effets pour seureté de l'amende qui pourra estre adjugée , à peine de nullité, dommages & interests des parties.

VI.

Ne pourront l'Adjudicataire & ses Commis transiger des amendes & confiscations , avant qu'elles soient ordonnées; Enjoignons en cas de contravention à nos Procureurs , de poursuivre nonobstant toutes transactions que nous declarons nulles , le recouvrement des amendes & confiscations à nostre profit, & du Fermier de nostre Domaine.

dd

DES DROITS SUR LE SEL

DANS LE GOUVERNEMENT
de Broüage & pays adjacens.

ARTICLE PREMIER.

NOS droits de trente-cinq fols avec les deux fols pour livre, tant des trente-cinq fols, que des droits qui fe levent au profit des Particuliers, feront levez fur chacun muid de fel, mefure raze de Broüage : Sçavoir, fur celuy qui fera enlevé, tant par eau que par terre du Gouvernement de Broüage, à raifon de quarante-deux fols neuf deniers ; fur celuy qui fera enlevé de l'Ifle de Ré, à raifon de quarante-un fols trois deniers ; & fur celuy qui fera enlevé de Xaintonge, Ifles adjacentes, Pays d'Aulnix, la Rochelle, Poitou, Ports, Rivieres & Havres en dependans, à raifon de trente-huit fols fix deniers, à quoy nous les avons fixez, foit que les marais ayent efté faits avant ou depuis l'établiffement de noftre Ferme.

II.

Seront levez pareils droits fur le fel qui entrera dans les lieux mentionnez en l'Article precedent, & generalement dans l'étenduë de la ferme & coûtumaux de Broüage, Rivieres de Seudre, Charente

& Marans, pourvеû que le droit n'ait point efté payé lors de l'enlevement, foit que le fel vienne des pays de noftre obeïffance, ou d'ailleurs.

III.

N'entendons comprendre aux Articles precedens le fel qui fe levera dans le gouvernement de Broüage, pour le fourniffement de nos Gabelles, pour lequel nous avons reduit nos droits à trente fols neuf deniers.

IV.

Défendons à toutes perfonnes de fe fervir pour la mefure du fel, d'autres mefures que de celles qui auront efté étalonnées fur les matrices depofées au Greffe de la Jurifdiction ordinaire de la Rochelle, à peine de confifcation du fel, & de trois cent livres d'amende pour la premiere fois, & de punition corporelle en cas de recidive.

V.

Enjoignons aux Maîtres des Navires, Barques & autres Vaiffeaux à leur arrivée aux Ports, Havres & Rades dans l'étenduë de la Ferme, de donner dans les vingt quatre heures aux Commis du plus prochain Bureau, une declaration fignée d'eux, contenant leur pays & demeure, le nom & le port des Vaiffeaux, & la quantité du fel qu'ils entendront charger, de prendre du Commis un Congé du déchargement, de le faire vifer au Capitaine de la Patache établie pour la confervation de nos droits, & de bailler bonne & fuffifante caution de les payer, le tout avant que de charger le fel qu'ils auront achepté, à peine de confifcation, & de trois cent livres d'amende.

V I.

Défendons aux Proprietaires des marais falans, & à leurs prépofez de délivrer le fel aux mefureurs, & aux mefureurs de le mefurer, aux chargeurs de le verfer dans les Barques, & aux Maîtres des Barques de le charger dans les Navires qu'entre deux Soleils, & aprés qu'il leur fera apparu du Congé de déchargement, vifé du Capitaine de la Patache, enfemble du cautionnement qui aura efté paffé, à peine de trois cent livres d'amende, contre chacun des contrevenans.

V I I.

Le mefurage fera fait en prefence du Commis ou de deux Gardes, dont ils tiendront un controlle qu'ils feront figner par les Maiftres des Navires ou autres Commandans en leur abfence, pour en eftre fait regiftre ainfi que des declarations & cautionnemens, fur lequel feront decernées les contraintes qui feront executées comme pour nos deniers & affaires ; & feront les Navires, Barques & Bateaux affeétez par preference au payement de nos droits, nonobftant tous privileges, faifies, ventes & reventes qui pourroient en avoir efté faites, & que le prix en fût deû en tout ou partie, pour lequel ils euffent efté faifis & arreftez.

V I I I.

Pourront les Fermiers de nos droits, les Procureurs, Commis & Gardes, faire leurs vifites dans les Navires,

Navires, Barques, & autres Vaiſſeaux, faire jaugèr
les Barques qui ſerviront au tranſport du ſel dans les
Vaiſſeaux, & en dreſſer leurs procés verbaux qui feront foy comme dans nos autres Fermes, en y obſer-
vant les meſmes formalitez.

I X.

Les Maiſtres des Navires & Barques, & leurs cau-
tions, ſeront tenus aprés la cargaiſon faite, de declarer au Bureau la quantité du ſel chargé, & de l'af-
firmer pardevant les Receveurs & Controlleurs de
nos droits, aprés leſquelles declarations & affirmations, & le payement de nos droits, le Congé de
ſortie leur ſera délivré; Leur défendons de mettre à
la voile auparavant, à peine de confiſcation.

X.

Permettons aux Commis & Gardes, de faire proceder dans les vingt-quatre heures des declarations
& affirmations qui auront eſté faites au remeſurage
du ſel, par un des Meſureurs Jurez, en preſence du
Maiſtre des Vaiſſeaux, lequel Meſureur Juré en dreſ-
ſera ſon procés verbal qui ſera ſigné de luy, des Commis ou Gardes, & du Maiſtre du Vaiſſeau; & en cas
qu'il n'y ait point de fraude, le Fermier de nos droits
ſera tenu de porter les frais du remeſurage.

X I.

En cas que le ſel chargé excede la quantié decla-
rée & portée par le Congé de ſortie; Declarons tout
le ſel qui aura eſté chargé, meſme celuy du meſme
Vaiſſeau, dont la declaration aura eſté faite, & le
Vaiſſeau confiſqué à noſtre profit, & ſeront les com-

e e

plices de la fraude condamnez solidairement en trois cent livres d'amende.

VOULONS que le present Reglement soit gardé & observé du jour de la publication des presentes, mesmes pour les affaires pendantes & indecises; abrogeons toutes Ordonnances, Reglemens, Stils & Usages differens, ou contraires aux dispositions y contenuës: SI DONNONS EN MANDEMENT à nos amez & feaux, les gens tenans nostre Cour des Aydes à Paris, Officiers de nos Greniers à Sel, & tous autres qu'il appartiendra, que ces presentes ils gardent, observent, & entretiennent, fassent garder, observer & entretenir; & pour les rendre notoires à nos Sujets, les fassent lire, publier & enregistrer; CAR tel est nostre plaisir, & afin que ce soit chose ferme & stable à toûjours, Nous y avons fait mettre nostre scel. DONNE' à S. Germain en Laye au mois de May, l'an de grace mil six cent quatre-vingt, & de nostre Regne le trente-septiéme.

Signé, LOUIS; *Et plus bas*, Par le Roy, COLBERT. Et scellées du grand Sceau de cire verte en lacs de soye rouge & verte.

REgistrées en la Cour des Aydes, oüy & ce requerant le Procureur General du Roy, pour estre executées selon leur forme & teneur, & copies collationnées desdites Lettres, seront envoyées aux Sieges des Greniers à Sel du ressort de ladite Cour, pour y estre leües & publiées, l'Audience tenant; Regiſtrées & executées selon leur forme & teneur, à la diligence des Substituts du Procureur General du Roy, qui seront tenus d'en certifier la Cour au mois. A Paris en ladite Cour des Aydes, les Chambres assemblées, le 11. May 1680. Signé, DU PUY.

ESTAT ET TARIF

DES DROITS DE MARQVE ET DE Contrôlle que le Roy en son Conseil veut & ordonne estre levez sur le papier qui sera façonné dans le Royaume , & sur celuy qui entrera en la Ville & Fauxbourgs de Paris.

POur chacune rame de papier du poids de six livres, quatre sols.   iv.   ſ.

Pour celle de six à douze livres, cinq sols.   v.   ſ.

Pour celle de douze à dix-huit livres, six sols. v j. ſ.

Pour celle de dix-huit à vingt quatre , sept sols.   v i j. ſ.

Pour celle de vingt-quatre à trente, huit sols. viij. ſ.

Pour chacune rame de papier gris , bleu & brun , de quelque poids qu'elle puisse estre , deux sols.   i j. ſ.

Outre lesdits droits , il sera levé sur chacune rame de papier entrant dans la Ville & Fauxbourgs de Paris, un sol quatre deniers. j.   ſ.   iv. d.

Fait & arresté au Conseil Royal des Finances , tenu à Fontainebleau le onziéme Juin mil six cent quatre-vingt. Signé, COQUILLE.

REgistrées en la Cour des Aydes, oüy & ce requerant le Procureur General du Roy, pour estre executées selon leur forme & teneur, & copies collationnées desdites Lettres, seront envoyées aux Sieges des Elections du ressort de ladite Cour, pour y estre leües & publiées, l'Audience tenant, Registrées & executées selon leur forme & teneur, à la diligence des Substituts du Procureur General du Roy , qui seront tenus d'en certifier la Cour au mois. A Paris en ladite Cour des Aydes, les Chambres assemblées, le 11. Juin 1680. Signé, Du Puy.

EXTRAIT DES REGISTRES
de la Cour des Aydes.

VEu par la Cour, les Chambres affemblées, les Lettres patentes en forme d'Edit du Roy, données à Fontainebleau au mois de Juin mil fix cent quatre-vingt, Signées LOUIS; *Et plus bas,* COLBERT, & fcellées du grand Sceau de cire verte en lacqs de foye rouge & verte, & contre-fcellées, portant Reglement general pour les Fermes des droits d'Entrée & d'Aydes, en fuite de laquelle font deux Tarifs des Droits y mentionnez, arreftez au Confeil Royal des Finances le onziéme dudit mois de Juin, figné Coquille: Conclufions du Procureur General du Roy, oüy le rapport de Maiftre Antoine le Feron Confeiller: Et tout confideré. La Cour a ordonné & ordonne que ledit Edit & Tarifs feront regiftrez au Greffe d'icelle, pour eftre executez felon leur forme & teneur; & que copies collationnées feront envoyées és Sieges des Elections du reffort d'icelle, à la diligence du Procureur General du Roy, pour y eftre leuës, publiées, l'Audience tenant, à la diligence des Subftituts du Procureur General du Roy, qui certifieront ladite Cour de leurs diligences, au mois. FAIT à Paris en la Cour des Aydes, le vingt-un Juin mil fix cent quatre-vingt. Signé, DU PUY.

TABLE

DES TITRES CONTENUS
en l'Ordonnance des Gabelles.

PRIVILEGE DU ROY.

LOUIS par la grace de Dieu Roy de France & de Navarre à nos amez & feaux les Gens tenans nos Cours de Parlement, Grand Conseil, Baillifs, Seneschaux, & tous autres nos Justiciers & Officiers qu'il appartiendra, Salut. Nous avons envoyé à nostre Cour des Aydes les Reglemens que Nous avons fait dresser pour la levée des droits de nos Fermes. Et d'autant qu'il importe de les rendre publics, afin que nos Juges soient instruits de la regle que nous voulons estre observée, & les redevables de nos droits, qui ont esté incertains par le défaut d'un Reglement general tel que celuy que nous avons arrété ; Que pour cet effet il soit promptement imprimé & debité à un prix raisonnable ; Bien informez de l'intelligence de nostre amé François Muguet l'un de nos Imprimeurs ordinaires, A ces causes Nous l'avons choisi & nommé, & par ces presentes signées de nostre main le choisissons & nommons pour imprimer seul nosdites Ordonnances & Reglemens pour nos droits de Gabelles, Aydes & Entrées, Cinq grosses Fermes, & autres nos Fermes & droits d'icelles. Voulons qu'il les imprime seul, sans que nos autres Imprimeurs ordinaires puissent pretendre avoir droit de les imprimer en vertu des Lettres que nous leur avons cy-devant accordées, ausquelles Nous avons entant que besoin est derogé pour ce regard. Defendons à toutes personnes, de quelque qualité & condition qu'elles soient, de les imprimer, vendre ny debiter, sous quelque cause & pretexte que ce puisse estre, pendant l'espace de quinze années à compter du jour de ces presentes, sans l'expresse per-

miſſion dudit Muguet, ou de celuy ou ceux qui auront droit de luy,
nonobſtant tous Privileges obtenus ou à obtenir, à peine de dix mil
livres d'amende, applicable un tiers à Nous, un tiers à l'Hôpital General de Paris, & l'autre tiers audit Muguet, ou à celuy ou ceux qui
auront droit de luy, confiscation des Exemplaires contrefaits, & de
tous dépens, dommages & intereſts. Voulons auſſi que ſelon qu'il eſt
accoûtumé d'eſtre pratiqué, il ſoit tenu de mettre deux Exemplaires de
chacun deſdits Livres en noſtre Bibliotheque publique, un en celle du
Cabinet de nos Livres en noſtre Château du Louvre, & un en celle de
noſtre tres-cher & feal le Sieur le T E L L I E R Chevalier Chancelier de
France, avant que de les expoſer en vente. S I V O U S D O N N O N S
E N M A N D E M E N T que ledit Muguet & celuy ou ceux qui auront droit
de luy vous ayez à maintenir & garder en la pleine & entiere joüiſſance
de la faculté à luy octroyée par ces preſentes, ſans ſouffrir qu'il luy ſoit
donné aucun trouble ou empeſchement, ſous quelque cauſe ou pretexte
que ce ſoit. Voulons auſſi qu'en mettant au commencement ou à la fin
deſdits Livres copie des Preſentes ou un extrait d'icelles, elles ſoient
tenuës pour deuëment ſignifiées, & que foy y ſoit ajoutée, & aux copies
collationnées, par l'un de nos amez & feaux Conſeillers & Secretaires
comme à l'Original. Et en cas de contravention, nous en reſervons la
connoiſſance à Nous & à noſtre Conſeil, & l'interdiſons à tous nos
autres Officiers & Juſticiers. Mandons au premier noſtre Huiſſier ou
Sergent ſur ce requis de faire pour l'execution des preſentes toutes
ſignifications, défenſes, ſaiſies, & autres actes de Juſtice requis
& neceſſaires en tous les Païs, Terres & Seigneuries de noſtre obeïſ-
ſance, ſans demander autre permiſſion, nonobſtant Clameur de Haro,
Charte Normande, & autres choſes à ce contraires, auſquelles nous
dérogeons entant que beſoin eſt. C A R tel eſt noſtre plaiſir. D O N N E' à
Calais le vingt-deuxiéme jour du mois de Juillet, l'an de grace mil ſix
cent quatre-vingt, & de noſtre regne le trente-huitiéme. Signé,
L O U I S. Et plus bas, Par le Roy, C O L B E R T.   Et Scellé.

*Regiſtré ſur le Livre de la Communauté des Libraires & Imprimeurs
de Paris le 6. Aouſt 1680. ſuivant l'Arreſt du Parlement du 8. Avril
1653. & celuy du Conſeil Privé du Roy, du 27. Février 1665.*
Signé, C. A N G O T Syndic.

Achevé d'Imprimer pour la premiere fois le 12. d'Aouſt 1680.

Les Exemplaires ont eſté fournis.

Page 31. ligne 16. Crecences, *lisez* & Creences.
Pag. 58. lig. 18. visez, *lis.* visitez.
Pag. 63. lig. 11. receuë, *lis.* retenuë.
Pag. 63. lig. 13. XXIV. *lis.* XXVI.
Page 70. lig. premiere, Malar, *lis.* Malcar.
Pag. 89. lig. 15. & cachetée, *lis.* cachetées.
Pag. 99. lig. 28. XI. *lis.* IX.
Pag. 104. lig. 9. déchargement, *lis.* chargement.

Page 18. lig. 3. de vin, *lisez* du vin.
Pag. 23. lig. 3. fixée, *lis.* fixez.
Pag. 37. lig. 19. VIII. *lis.* XIII.
Pag. 43. lig. 24. le souffrir, *lis.* les souffrir.
Pag. 60. lig. 5. VI. *lis* IV.
Pag. 158. lig. 17. haut, *lis.* Hault, & ligne 24. de la mesme page saint
Riguier, *lis.* saint Riquier.